KB125000

10대와 통하는
미디어

10대와 통하는 미디어

제1판 제1쇄 발행일 2012년 7월 12일
제1판 제19쇄 발행일 2022년 6월 20일
개정판 제1쇄 발행일 2023년 1월 1일
개정판 제3쇄 발행일 2023년 6월 10일

글 | 손석춘
기획 | 책도둑(박정훈, 박정식, 김민호)
디자인 | 채홍디자인
펴낸이 | 김은지
펴낸곳 | 철수와영희
등록번호 | 제319-2005-42호
주소 | 서울시 마포구 월드컵로 65, 302호(망원동, 양경회관)
전화 | 02) 332-0815
팩스 | 02) 6003-1958
전자우편 | chulsu815@hanmail.net

ISBN 979-11-88215-80-5 43300

철수와영희 출판사는 '어린이' 철수와 영희, '어른' 철수와 영희에게
도움 되는 책을 펴내기 위해 노력합니다.

10대와 통하는
미디어

손석춘 선생님이 들려주는 나를 찾는 미디어 여행

글 손석춘 | 그림 김용민

철수와영희

10대들의 미디어 리터러시를 위해

이 책 『10대와 통하는 미디어』가 첫선을 보인 지 옹근 10년을 맞았습니다. 10년 동안 19쇄를 펴낼 만큼 독자들의 사랑을 끊임없이 받아 왔습니다. 출간한 첫해에 문화체육관광부가 선정하는 '우수 교양 도서'에 꼽히기도 했지요.

10년 사이에 미디어는 눈부시게 발달했습니다. 21세기는 '미디어 혁명 시대'라는 진단을 누구나 실감할 수 있지요. 2020년대 들어서면서 가장 신뢰하는 언론사로 '유튜브'가 꼽힐 정도로 미디어 세계가 빠르게 변화하고 있습니다. 하지만 그럴수록 미디어의 기본에 충실해야 합니다. 2019년 총회에서 세계보건기구WHO가 인터넷 '게임 중독'을 질병으로 공식 분류했기에 더 그렇지요.

다행히 '미디어 리터러시media literacy'를 초·중·고등학교에서 가르쳐야 한다는 목소리도 한층 높아가고 있습니다. 미디어 리터러시는 지구촌 여러 나라에서 관심을 쏟고 있는데요. '다양한 미디어에 접근하고, 분석하고, 평가하고, 발신하는 능력'입니다. 간결하게 말하면 '미디어를 이해하고 활용하는 능력'이지요. 지구촌 미디어에서 전개된 10년의 흐름을 담아 책을 대폭 개정하면서 10대들의 미디어 리터러시에 도움이 될 수 있도록 미디어의 기본을 짚은 대목을 보완하고 여러 통계도 최근 자료로 모두 바꾸었습니다. 유튜브 확산과 그 의미는 미디어의 미래와 함께 별도의 장을 추가해 논의했습니다.

대다수 의학자, 과학자들이 실제 조사한 결과로 강조하듯이 10대 초기는 추상적 사고와 사회적 판단 능력이 발달하는 중요한 시기입니다. 신경 과학과 교육학계가 한목소리로 강조하듯이 다양하게 두뇌를 자극하면 개개인의 지능이 높아 갑니다. 하지만 스마트폰이나 인터넷 게임을 통한 자극은 단편적입니다. 지능을 높일 자극이 될 수 없음은 물론 두뇌를 퇴화시킨다는 의학적 연구 결과도 나오고 있습니다. 미디어가 현실적으로 우리 모두의 일상에 깊이 들어와 있는 상황에서 그것을 정확히 이해하고 활용해야 할 절실한 이유입니다.

모쪼록 이 책이 10대들의 미디어 리터러시와 10대들이 창조적으로 세상을 살아가는 길에 도움이 될 수 있기를 바랍니다.

2023년 1월 손석춘

미디어 세상으로 함께 떠나 볼까요?

가장 친한 친구, 학교에서 흔히 '절친' 또는 '베프'라고 하는 그 친구의 이름을 물어봐도 될까요?

이 책은 언제나 내 곁에 있으면서 거의 모든 일상을 함께하는 친구에 관한 이야기입니다. 그 친구와 마주하면 마음이 편해지고 무엇보다 심심하지 않습니다. 흥미로운 사실들을 쉼 없이 들려주어 재있게 해 주거든요. 그 친구를 내가 어떻게 좋아하지 않을 수 있겠어요.

그 친구의 이름은?

'미디어'입니다.

"친구를 보면 그 사람을 안다"고 하죠. 10대는 인생의 첫 단추를 끼우는 시기이기에 친구가 디욱 중요합니다. 누구에게나 10대는 성 정체성과 자아 정체성을 확립하고 인생의 밑그림을 그리는 때인데요. 그 과정에서 친구의 영향을 받습니다.

특히 '미디어'는 우리가 설령 의식하지 못하더라도 10대에게 이미 절친한 친구이지요. 이 책에서 곧 상세히 살펴보겠지만, 세상을 바라보는 틀(프레임)과 인생관 형성에 큰 영향력을 행사하고 있습니다.

지금 이 책을 펴들고 있는 청소년에게 정면으로 물어보고 싶은데요. 오직 한 번뿐인 인생, 어떻게 살아갈지 결정했나요?

물론, 쉽게 판단할 문제는 아니지요. 그 물음에 답하려면 여러모로 짚어 보아야 합니다. 이를테면 어떤 직업을 가질지, 대학에 진학할지 안 할지, 대학에 진학한다면 무엇을 전공할지, 어떤 사람과 결혼해서 가족을 이루고 싶은지, 삶의 가치를 어디에 둬야 할지 선택해야 하니까요.

문제는 그 선택에 누가 가장 큰 영향을 끼칠까에 있습니다. 당연히 그 선택은 하나뿐인 인생을 살아가는 자기 자신의 결정이어야 옳겠지요. 그런데 현실은 그렇지 않습니다. 선택에 영향을 끼치는 가장 큰 요인은 친구인 '미디어'입니다.

선뜻 그 말에 동의하지 않을 수도 있겠지요. 그렇다면 이 책을 더욱 정독하길 권합니다. 우리가 미디어와 통해야 할 이유는 그 친구가 나를 비롯해 모든 개개인의 삶에 깊숙이 들어와 있기 때문입니다.

우리가 직업을 선택하든 대학을 선택하든 배우자를 선택하든 인생관을 선택하든 그 선택을 결정하는 데는 여러 판단 자료가 있을 텐데요. 그 대부분을 우리가 미처 의식하지 못하지만 미디어로부터 받는다는 데 문제의 핵심이 있습니다.

미디어는 21세기를 살아가는 모든 사람의 삶과 떼려야 뗄 수 없는 관계에 놓여 있습니다. 대체 미디어가 어떤 친구인지, 그 친구가 내 삶에 얼마나 깊숙이 들어와 있는지 10대 시절에 꼼꼼하게 살펴보아야 할 이유가 여기에 있지요. 미디어에 인문학적 접근이 필요한 까닭이기도 합니다.

이 책 『10대와 통하는 미디어』는 학교 현장에서 30년 내내 조용히 10대들에게 열정을 쏟은 벗, 신나미 선생님과의 대화에 크게 빚지고 있습니다. 그 벗이 없었다면 이 책은 나오지 못했습니다. 깊은 고마움을 전합니다.

자, 그럼 지금부터 미디어 세상으로 함께 떠나 볼까요? 그 여행은 나를 찾는 길과 맞닿아 있다는 걸 염두에 두면서 출발합시다.

2012년 7월 손석춘

차례

1장

내 친구는 멍청할까,
똘똘할까?

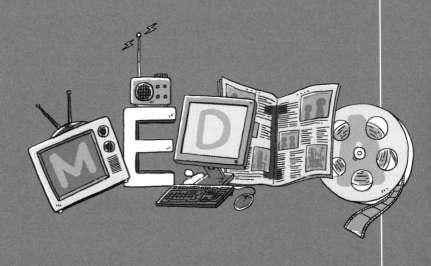

지금 이 순간 우리 모두에게 없어서는 안 될 만큼 아주 소중한 친구부터 소개하겠습니다. 우리 모두는 하루도 빠짐없이 그 친구를 만나지요. 때로는 밥 먹는 것도 잠자는 것도 잊어버릴 만큼 그는 매혹적입니다.

이따금 그 곁을 떠나고 싶어도 그럴 수 없도록 강렬하게 끌어들여 마치 살아 있는 존재처럼 다가옵니다. 그 친구의 이름은 스마트폰입니다.

스마트폰, 게임 그리고 중독

스마트폰이 감히 거역할 수 없는 친구라는 사실을 가장 실감하는 순간은 아마 게임에 몰두할 때이겠지요. 화면을 뚫어져라, 응시하며 인터넷 게임을 즐기는 또래들을 발견하는 것은 그리 어려운 일이 아닙니다. 아니, 10대만이 아니지요. 20대도, 30대도, 그 이상의 어른들 가운데도 인터넷 게임이 불쑥 내민 손을 아무 생각 없이 덥석 잡는 사람들이 많습니다.

코로나19가 퍼지기 전입니다. 한 방송사 기자가 카메라를 들고 서울의 한 PC방을 찾았습니다. 학생들이 가득한 곳에서 한창 게임에 집중하고 있던 중학교 1학년 학생에게 다가가 마이크를 대고 인터뷰한 내용을 함께 짚어 볼까요? 기자는 학생에게 먼저 다음과 같이 물었습니다.

기자: 게임 매일 해요?

학생: 네, 방학했으니까.

기자: 지금 부모님이 (학생) 뭐 하는지 알고 계세요?

학생: 모를걸요, 뭐 하는지…….

방송사가 얼굴을 가리고 목소리를 변조했지만 기자와 주고받은 말은 생생하게 텔레비전 뉴스를 탔습니다. 기자가 찾은 그곳 PC방에는 이른 오전부터 청소년들이 줄을 이어 들어왔답니다. 방학을 맞아 날마다 그곳을 찾고 게임에 몰두해 낮과 밤을 잊기도 한다더군요. 중학교 1학년 학생 스스로 카메라 앞에서 스스럼없이 말했지요.

학생: 새벽 1시쯤에 '스타' 같은 거 해 가지고 4시까지 할 때도 있어요. 아침 11시에 시작해 다음 날 아침 7시까지 할 때도 있고, 그 정도로 해요.

와~ 아침 11시부터 다음 날 아침 7시까지? 그렇다면 무려 20시간 내내 인터넷 게임을 한 셈이네요. 물론, 그 학생도 처음엔 호기심과 재미로 시작했을 겁니다. 하지만 게임이 주는 쾌감과 성취감, 경쟁의식 때문에 자기도 모르게 게임 중독에 빠져들었지요.

기자: 본인이 자제할 수 있다고 생각해요, 게임하는 시간을?
학생: 일단 중독됐기 때문에 힘들어요. 끊어지지가 않아요. 중독성 때문에…….

스스로 중독된 사실을 알면서도 어쩔 수 없다는 고백입니다. 사실 그 학생만이 아니지요. 과학기술정보통신부와 한국지능정보사회진흥원이 2020년 8~10월 진행한 스마트폰 과의존 실태 조사에 따르면 연령별 비율에서 10대가 35.8퍼센트로 가장 많았습니다. 청소년 10명 중 3명 이상이 스마트폰에서 헤어나지 못하고 있다는 통계이지요. 자제력이 생기는 시기가 12~14세라는 점을 감안하면 문제는 심각합니다. 만 3~9세에서도 27.3퍼센트가 스마트폰을 과도하게 사용한 것으로 나타났습니다.

스마트폰 과의존이란 '스마트폰을 다른 활동보다 중요하게 생각하고, 스스로 정한 사용 시간 목표를 지키지 못하며, 그로 인해 신체적, 정신적, 사회적으로 부정적인 결과가 나타나는 경우'를 말합니다.

과의존 또는 중독은 같은 현상을 두고 하는 말인데요. 인터넷이 등장한 이후 청소년들 사이에 해마다 늘어난 과의존은 대부분 게임 중독입니다. 전문 의사의 지적처럼 중독이 되면 다른 것들은 죄다 귀찮고 의욕도 떨어지게 됩니다. 게임을 하지 않으면 곧바로 우울한 느낌에 휩싸이니까요.

어떤가요? 아마 지금 이 책을 읽고 있는 독자 가운데 이미 중독에 걸린 친구도 있을 테고 아니면 가까스로 중독을 벗어난 친구도 있을 겁니다. 의식하지 못한 채 중독의 수렁으로 한발 한발 디뎌놓는 친구도 있겠지요.

인터넷 게임에 몰입하는 10대들을 어른들이 일방적으로 나무라기만 하는 것은 옳지 못합니다. 중독 현상이 크게 늘어나는 데는 그럴 만한 이유가 있으니까요. 전문가들은 학교와 학원을 오가는 반복된 생활, 게다가 치열한 입시 경쟁에서 오는 스트레스로부터 벗어나기 위해 자기도 모르게 게임에 빠져들게 된다고 분석합니다. 그래서 청소년들에게 제대로 된 여가 문화를 제공해야 한다는 주장도 나오고 있지요.

더구나 통계에 따르면 부모가 이혼했거나 집이 가난한 청소년들이 게임 중독에 빠질 위험이 훨씬 큽니다. 인터넷 게임 중독이 단순히 10대 개인의 문제가 아니라 사회적 문제라는 뜻이지요. 자, 그렇다면 사회적 조건이 그러하니 이제 게임에 중독되어도 좋은 걸까요? 내 탓이 아니라 사회 탓이라고 주장하며 즐기기만 해도 될까요?

전혀 아닙니다. 같은 사회적 조건에서도 중독을 이겨 내는 의지가 강한 청소년이 있고, 인터넷을 게임보다는 학습에 더 사용하는 청소년이 엄연히 있으니까요.

물론, 사회적 조건을 무시하거나, 그 조건을 개선하려고 노력하지 않는 것은 옳지 못합니다. 하지만 그에 못지않게 사회적 조건을 이유로 자신이 할 수 있는 일을 하지 않는 것도 옳지 못하지요.

10대라면 누구나 게임의 유혹에 빠지기 쉽다는 걸 전제하고 지금부터 찬찬히 짚어 봅시다. 우리가 즐기는 인터넷은 과연 '게임의 도구'일까요?

어떻게 생각하나요? 인터넷에서 게임을 할 수는 있지만, 그렇다고 인터넷이 곧 게임은 아니지요. 인터넷을 게임으로만 이용한다면, 분명히 말하지만 그것은 자신의 인생을 헤어날 수 없는 늪으로 밀어 넣는 지름길입니다.

가만히 주변을 둘러보아요. 10대들만이 아닌, 어른들의 세상과 사회 전체에 눈을 돌려 보세요. 그렇다면 사람들이 인터넷으로 무엇을 하고 있는가를 새삼 폭넓게 이해할 수 있습니다.

21세기 들어서서 인터넷은 현대 사회를 살아가는 사람들에게 없어서는 안 될 삶의 동반자, 친구가 되었습니다. 무엇이든지 인터넷에 들어가 검색하면 알 수 있는 세계에서 우리는 살아가고 있지요.

예전에는 집집마다 백과사전이나 국어사전을 비롯한 어학 사전, 생활 법률 사전들을 장만하고 있었습니다. 특히 중산층 이상의 집에는 사전들이 생활필수품이자 장식품이기도 했어요. 세계적으로 권위 있는 브리태니커 백과사전은 교양 있는 중산층들이 갖추고 싶은 전집이었지요. 브리태니커 백과사전 영문판이 1968년에 처음 한국에 들어왔을 때, 한 질(32권) 값은 당시 집 한 채와 맞먹는 금액이었습니다. 그럼에도 인터넷이 나타나기 직전인 1991년까지 무려 3만 4000질이나 팔려 나갔지요.

하지만 이제 누구든 집에서 브리태니커 사전을 자유롭게 펴 봅니다. 집 한 채에 버금가는 책 구입비도 없이, 꽤나 두터운 전집을 보관할 서재도 필요 없이 아주 간단히 스마트폰을 통해 궁금증을 풀 수 있지요.

앞서 '예전에는'이라고 썼습니다만, 실로 그 '예전'은 오래전이 아닙니다. 인터넷이 지금처럼 보편화한 것은 21세기 들어서이니까요.

인터넷의 나이는 아주 젊습니다. 지금 부모 세대들이 어렸을 땐 인터넷은 지구촌 어디에도 없었어요. 인터넷이라는 매스미디어는 상상 속의 매체에 지나지 않았지요. 그렇다면 인터넷은 어떻게 세상에 태어난 걸까요?

인터넷 미디어의 탄생

사람이 태어날 때는 곁에서 도와주는 사람이 필요하지요. 현대 사회에 들어와서는 병원의 산부인과 의사들이 그 일을 맡고 있지만, 그 이전에는 산파라고 불리는 사람들이 도와주었어요. 지금 산부인과 의사들은 현대식 산파라고 할 수 있겠지요.

인터넷에도 산파가 필요했습니다. 바로 컴퓨터입니다. 20세기 초에 발명된 진공관을 이용해 자동으로 계산을 실행하는 기계가 처음 선보인 것은 1945년입니다. 미국의 한 대학에서 진공관을 1만 9000개나 사용해 안방 장롱 몇 배나 되는 크기로 만들었지요. 최초의 컴퓨터는 그렇게 만들어졌습니다.

과학기술은 그 뒤 눈부시게 발전했어요. 컴퓨터의 크기는 점점 작아지기 시작했습니다. 반도체를 사용하면서는 더욱 작아져 마침내 우리 손안에 들어오게 되었지요. 최초에 집채 크기만 했던 컴퓨터를 잊지 말기 바랍니다. 과학기술을 발달시킨 근본적인 동력은 인간의 끊임없는 호기심과 탐구심이라는 사실도 기억해 두고요.

컴퓨터가 발달하면서 PC통신이 시작되었습니다. 개인용 컴퓨터를 통신 회선으로 연결하여 자료를 주고받는 통신 방식을 이르지요. 초기에는 PC통신 서비스 회사가 통신망을 설치하고 가입한 사람들에게만 여러 정보 서비스를 제공하는 형태였습니다.

하지만 20세기 말에 이르러 인터넷이 보편화하기 시작합니다.

모든 서비스를 '중심 컴퓨터(호스트 컴퓨터)'가 제공하고 관리하는 PC통신과 달리, 인터넷은 수많은 통신망이 연결된 상태를 말합니다. 전 세계에 광범위하게 분산되어 있지만 서로 연결된 통신망이지요.

인터넷으로 이용할 수 있는 서비스는 급속도로 늘어났습니다. 우리가 애용하고 있듯이 전자우편e-mail과 정보 검색, 대화와 토론, 동화상이나 음성 데이터를 실시간으로 방송하는 서비스, 비디오 회의를 비롯해 새로운 서비스들이 줄을 이어 개발되고 있습니다. 인터넷은 말 그대로 '정보의 바다'입니다.

인터넷이 탄생한 직접적 요인은 미국과 소련(소비에트 사회주의 공화국 연방의 줄임말로 1991년 러시아를 비롯해 여러 나라로 해체되었다) 사이에 치열했던 군사적 경쟁 때문입니다. 미국 국방성은 소련이 핵무기로 기습 공격하더라도 작동이 가능한 컴퓨터 연결망(네트워크)이 필요하다고 판단했습니다. 컴퓨터 시스템이 폭격에 망가질 때, 다른 시스템을 통해 지휘 체계를 복원할 수 있어야 적을 제압할 수 있다고 생각했지요. 국책 연구 기관과 대학 연구소 사이에 비밀 정보와 자료 교환을 목적으로 알파넷(ARPA net: 미 국방부 첨단연구 계획위원회 통신망)을 구축한 이유입니다.

그런데 통신기기와 단말기, 컴퓨터들이 다양하게 발전하면서 서로 다른 컴퓨터 기종 사이에 원활한 통신이 가능해졌습니다. 1980년대에 들어서서 미 국방성은 알파넷과 달리 일반 사용자들도 정보를 교환할 수 있는 통신망을 개설했는데, 바로 인터넷이 세상에 태어난 순간이지요. 1983년입니다.

인터넷이 걸음마를 시작하면서 접속 컴퓨터들의 수가 빠른 속도로 늘어나기 시작했습니다. 하지만 1985년에는 아직도 전 세계에 걸쳐 겨우 100개에 지나지 않았어요. 1987년에는 200여 개, 1989년에도 500개에 머물렀지요.

인터넷 접속이 가능한 컴퓨터는 1990년대에 들어서면서 기하급수적으로 늘어나 1993년 인터넷 사용자는 이미 2000만 명을 넘어섰습니다. 대한민국에도 1994년에 인터넷 서비스가 등장했으니 빠르게 따라붙은 셈이지요.

그 뒤 통신망의 연결은 가속도가 붙었지요. 21세기에 들어서면서 인터넷은 사실상 지구촌 곳곳까지 뻗어 나간 신경망이 되었습니다. 이미 모든 국가, 사회, 기업, 학교, 집이 인터넷을 아주 친밀한 존재로 여기고 있지요.

'네티즌'이란 말 또한 지구촌 어디에서도 통하는 보편적인 말이 되었습니다. 그 단어를 만든 사람은 20대 젊은이였는데요. 1992년 미국의 한 대학에 다니던 학생(컬럼비아 대학 대학원생 마이클 하우벤)이 네트워크network, 망와 시티즌citizen, 시민을 합쳐 만든 신조어입니다.

그는 네티즌을 "네트워크가 더 좋은 공동체가 되도록 적극적으로 활동을 전개하는 사람들"이라고 정의했지요. 브리태니커 백과사전은 네티즌을 "통신망으로 연결된 가상 사회의 구성원"이라고 정의했습니다. 여기서 가상 사회란 말은 실제 존재하는 현실 사회와 달리 컴퓨터 정보망으로 존재하는 사회라는 뜻이지요.

'네티즌'은 우리 국어사전에도 실렸습니다. "컴퓨터를 통해 자신이 원하는 지식이나 정보를 자유자재로 구하고 사용할 수 있는 사람들로, 정보화 사회의 혁명을 이끌 새로운 계층"이라고 풀이해 놓았지요.

집단 지성의 출현

지금 이 순간도 네티즌은 지구촌 곳곳에서 인터넷을 통해 온 세계를 드나들고 있습니다. 자신이 원하는 지식이나 정보를 자유롭게 구해서 사용할 뿐 아니라 남에게도 전달하고 있지요. 소통하면서도 굳이 자기 이름을 밝히지 않아도 됩니다. 신분이나 재산, 국적에 관계없이 하나의 가상 인격체로 모두가 평등하게 참여할 수 있는 마당(공간)이 열린 셈입니다.

더구나 인터넷은 시간적·공간적 제한이 거의 없기 때문에 현실 세계를 훌쩍 뛰어넘어 정보를 생산하거나 발신할 수 있습니다. 따라서 네티즌이란 말은 컴퓨터를 조작할 줄 모르는 '컴맹'의 반대 개념이 아닙니다. '통신망을 사용하는 사람'이라는 풀이도 너무 단순하지요.

브리태니커 사전이 풀이하고 있듯이 네티즌은 "하나의 공동체적 의미를 가지고 사회적 관계를 적극적으로 형성해 나가는 주체적인 사람들"입니다. 시티즌이 근대 사회를 주도한 주체였다면, 네티즌은 현대 정보화 사회의 혁명을 이끄는 새로운 주체 세력입니다.

어떤가요? 누구나 인터넷을 하고 있지만 과연 우리가 네티즌이란 이름에 걸맞은 네티즌일까 짚어 보아야 옳겠지요? 인터넷을 즐기는 사람 가운데 네트워크가 더 좋은 공동체가 되도록 적극적으로 활동을 전개하는 사람들은 얼마나 될까요?

정말이지, '정보화 사회의 혁명을 이끌 새로운 주체'라는 '네티즌'의 국어사전 정의에 부합하는 사람들은 우리 가운데 어느 정도일까요? 공동체적 의미를 갖고 사회적 관계를 적극 형성해 나가는 주체적인 사람들의 비율은 얼마나 될까요?

무엇보다 자기 자신부터 점검해 보아야겠지요. 짚어야 할 요점은 인터넷을 이용하는 사람이라고 해서 모두 네티즌은 아니라는 사실입니다.

누구나 궁금한 것을 스마트폰에 검색해서 알게 된 경험은 있을 겁니다. 인터넷이 한없이 펼쳐진 정보의 바다이기에 가능한 일인데요. 그 놀라운 일이 가능해진 것은 모든 네티즌이 자기가 알고 있는 정보를 올려놓기 때문입니다.

이름 없는 네티즌들이 참여해서 이룰 수 있는 위업을 상징적으로 보여 주는 보기가 있지요. 혹시 아직도 모르고 있다면 이름을 기억해 둘 필요가 있는 사전인데요. '위키피디아Wikipedia'입니다. 줄여서 '위키백과'라고도 하는데 아마 사용한 경험이 있으리라고 짐작됩니다. 온라인 백과사전이지요. 네티즌들이 직접 용어에 대한 정의를 내리고, 그 정의를 자유롭게 수정하고 편집할 수 있도록 한 백과사전입니다. 사전을 만드는 데 누구나 참여할 수 있게 열려 있으므로 지금 이 순간도 누군가는 수정하거나 보완하고 있겠지요.

위키피디아 또한 '생일'이 있습니다. 2001년 1월 15일 전문가들이 만드는 사전을 편집하던 책임자가 구상해서 처음 사이트(www.wikipedia.org)를 열었는데요. '빠른'을 의미하는 하와이 언어 'wiki-'와 백과사전을 뜻하는 'encyclopedia'에서 '-pedia'를 따와 만든 합성어입니다. 그들의 구상은 예상을 훨씬 뛰어넘어 대성공이었습니다. 이미 그해 말 18개 언어로 된 2만여 개의 글이 올라왔습니다. 이듬해인 2002년 말에는 26개 언어, 2003년 46개 언어, 2004년에 161개 언어로 서비스가 제공되었지요.

지구촌 곳곳에서 위키피디아 백과사전을 만드는 데 자발적으로 참여해 개설하고 10년이 지나면서 이미 세계 5대 최다 방문 사이트 가운데 하나로 성장했습니다. 280개 언어로 1900만 건을 설명하고 있는데요. 세계적 권위를 자랑하는 브리태니커의 항목보다 200여 배나 많습니다.

네티즌들이 직접 만드는 백과사전이기에 설명의 정확성에 의문을 갖는 것은 당연하겠지요. 경계심을 가져야 마땅하겠지만, 위키피디아와 브리태니커 백과사전에 큰 차이가 없다는 분석 결과가 세계적 과학 권위지 〈네이처〉에 실렸습니다. 〈네이처〉가 2005년에 두 백과사전의 42개 항목을 외부 조사자들에게 검토해 달라고 의뢰했는데요. 결과는 양쪽이 비슷한 수준을 보였답니다. 조사 대상 항목 중 위키피디아와 브리태니커에서 각각 4개씩 8개의 중대한 실수가 발견됐다고 밝혔습니다. 사소한 실수로는 위키피디아에서 162개, 브리태니커에서 123개를 찾아냈지요.

〈네이처〉는 적어도 과학 분야에서 브리태니커가 위키피디아에 비해 큰 강점이 없다고 결론 내렸습니다. 위키피디아가 작성되는 방식을 감안하면 놀라운 일이지요. 동시에 브리태니커 백과사전의 명성과 권위가 한순간에 무너지는 기사였어요. 당사자인 브리태니커는 조사가 잘못됐다며 발끈했지만 〈네이처〉는 조사에 아무런 문제가 없다고 맞섰습니다.

위키피디아가 달성한 위업은 전적으로 네티즌들의 공로였습니다. 누군가 올린 글에 설명이 잘못되어 있으면 다른 사람이 수정하고 그렇게 수정을 거듭하면서 브리태니커 수준까지 이른 것이지요. 그래서 위키피디아는 '집단 지성'의 상징으로도 꼽힙니다.

집단 지성collective intelligence은 인터넷을 하는 사람이라면 꼭 알아두어야 할 중요한 개념입니다. 영국 통계학자 프랜시스 골턴의 실험에 뿌리를 두고 있는데요. 골턴은 가축 시장에 찾아온 800명에게 각각 판돈을 걸고 특정한 소의 몸무게 추정치를 제출하게 한 뒤 가장 근접한 추정치를 제출한 사람이 판돈을 받는 내기를 벌였습니다.

사람들이 적어 낸 소 몸무게 추정치를 분석한 골턴은 크게 놀랐지요. 그 평균값은 1197파운드였는데 실제 소의 몸무게(1198파운드)와 1파운드밖에 차이가 나지 않았습니다. 그래서 그 실험은 집단의 지성이 개인보다 현명하다는 것을 증명한 사례로 자주 인용되고 있습니다.

요컨대 집단 지성은 다수의 개체가 협력과 경쟁으로 얻게 된 집단적 지적 능력을 이르는 말로 프랑스 철학자 피에르 레비가 사이버 공간을 연구하면서 내놓은 개념입니다. 위키피디아의 발전 과정은 지식과 정보의 생산자나 수혜자가 따로 없이 누구나 생산할 수 있고 모두가 손쉽게 공유하면서도 정체되지 않고 계속 진보하는 집단 지성의 특성을 가장 잘 보여 주고 있지요.

질병이 된 '인터넷 중독'과 건강 지키기

그렇다면 인터넷은 집단 지성이 상징하듯이 사람들을 똑똑하게 해 주는 걸까요? 우리의 대답은 분명히 긍정적입니다. 다만 그것이 전부는 아닙니다. 인터넷 미디어를 지성은커녕 야만적으로 이용하는 사람들도 적지 않기 때문입니다.

앞에서도 중독 현상을 잠깐 언급했지만 인터넷이 한 사람의 인생을 완전히 파멸로 이끄는 참극들도 잇따르고 있습니다. 너무 어두운 이야기라서 청소년들에겐 감추고 싶지만, 이미 신문과 방송을 타고 퍼져 나간 사실일 뿐만 아니라 쉬쉬한다고 해결될 문제는 결코 아니기에 있는 그대로 담담하게 소개하겠습니다. 그냥 '일회성 사건'으로 흘려보낼 게 아니라 청소년들 스스로 그 의미를 진지하게 되새겨 볼 필요가 있거든요.

2010년 10월 28일 미국 플로리다에 살고 있던 한 여성의 집으로 가 봅시다. 그 여성은 인터넷 게임에 방해가 된다는 이유로 자신의 아이를 마구 흔들어 숨지게 했습니다. 엽기적 사건이 발생한 것이지요. 지구촌 곳곳까지 그 소식이 전해져 모두 충격을 받았지요. 죽은 아이의 어머니인 알렉산드라 토비아스는 2급 살인죄에 해당하는 자신의 범죄를 모두 자백했어요. 그는 "우는 아이를 마구 흔들다 마음을 가라앉히기 위해 담배를 물었으나 울음을 멈추지 않았다"며 담배를 내려놓고 다시 아이가 숨이 멈출 때까지 마구 흔들어 댔다고 털어놓았습니다.

토비아스는 인터넷에서 제공하는 게임을 하던 중 아이가 너무 심하게 울어 순간적으로 분노가 치밀었다고 범행 동기를 밝혔습니다. 그 기사가 국내에 알려지자 네티즌들은 젊은 엄마가 게임에 중독돼 자신의 아이까지 살해했다며 "무섭다"는 댓글들을 줄지어 올렸지요.

그런데 그 참극이 벌어진 지 불과 두 달 뒤였어요. 2010년 12월 21일, 한국에서도 인터넷 게임에 중독된 27세 여성이 자신의 아이를 폭행하고 목을 졸라 살해한 참사가 발생했습니다.

현장을 조사한 경찰관은 이 여성이, 아이가 방 안에 오줌을 싸자 화장실에서 아이를 씻기며 수 차례 폭행하고 목을 졸라 살해했다고 밝혔습니다. 사건 장소에는 닌텐도 게임기도 발견됐다고 합니다. 경찰 조사에 따르면, 이 젊은 엄마는 하루에 10시간 이상 온라인 게임에 빠져 살았습니다. 집 안은 쓰레기장 수준으로 어질러져 있었고요.

아무리 그래도 그렇지 어떻게 자기 아이를 목 졸라 죽이느냐고 물을 수 있겠지요. 하지만 바로 그게 중독의 위험성입니다. 그 젊은 엄마 또한 건강한 상태였다면 자신이 아이를 죽이리라고 꿈에라도 생각했을까요?

전문가들은 게임에 중독된 나머지 아이를 온라인 게임에 등장하는 반려동물로 착각해 죽인 것으로 추정했습니다. 끔찍하죠? 아이의 주검은 3일 넘도록 방안에 방치되어 있었고 시댁 식구들이 발견한 뒤 경찰에 신고해서 알려졌습니다. 이 사건 또한 미디어를 타고 지구촌 곳곳에 퍼졌습니다.

그 뒤 인터넷 중독, 게임 중독이 빚은 살인 사건이 줄을 이어 불거졌습니다. 이른바 미국의 '명문 대학'을 다니던 20대가 밤새워 인터넷 게임을 즐긴 뒤 저지른 참극도 있습니다. 흥분이 가라앉지 않은 상태에서 그는 제일 먼저 본 사람을 죽일 생각으로 집을 나섰고, 어이없게도 행동에 옮겼습니다. 애먼 사람의 생명을 빼앗고 자신의 인생도 평생 돌이킬 수 없는 파멸의 구덩이로 밀어 넣은 거죠.

중학생이 게임 중독을 나무라던 어머니를 살해하고 자살한 처참한 사건, 30대 의사가 게임을 말리는 만삭의 아내를 살해한 사건, 인터넷 게임으로 부모와 갈등을 겪던 한 학생이 고교 입학식에 참석하지 않고 아파트 옥상에서 투신자살한 사건이 꼬리를 물고 일어났습니다.

잘 알겠지만 인터넷 게임에는 칼이나 총, 흉기로 게임 속 다른 캐릭터를 때리고 찌르거나 죽이는 일이 되풀이됩니다. 많이 죽일수록 좋지요. 조금만 생각해 보세요, 그것이 얼마나 위험한 짓인가를. 그것을 하루 이틀이 아니라 몇 달에 걸쳐 계속하면 자신도 모르게 현실 감각이 없어질 수 있습니다.

게임 중독 문제가 지구촌 차원에서 심각하게 드러나자 마침내 세계보건기구WHO가 움직였습니다. 2019년 총회에서 세계보건기구는 게임 중독을 질병으로 분류한다고 공식 발표했습니다. WHO는 실생활에서 사망, 건강 위협의 주요 원인이 되는 새로운 현상들이 질병 분류 기준에 빠져 있는 점을 고려해 질병 분류표의 개정 논의를 시작했는데요. 게임 중독(게임 사용 장애)은 정신적, 행동적, 신경 발달 장애 영역에 하위 항목으로 포함됐습니다.

단순히 게임을 즐기는 행위가 어떻게 질병인가 따질 수 있겠지만 WHO의 판정 기준은 과학적입니다. 지속성과 빈도, 통제 가능성에 초점을 맞췄는데요. '게임 통제 능력이 손상되고 다른 일상생활보다 게임을 중요하게 여기며 이러한 부정적인 결과를 알고 있음에도 게임을 12개월 이상 지속하면 게임 중독'으로 판단합니다. 다만 증상이 심각하게 드러날 때는 12개월 미만이더라도 게임 중독 판정을 내릴 수 있습니다.

2021년 10월 영국을 대표하는 공영 방송 BBC는 기획 보도에서 게임 중독의 가장 큰 문제는 대다수 사람들이 '게임 의존성'을 알코올 중독이나 약물 중독만큼 심각하게 생각하지 않는다는 점이라고 경고했습니다.

알코올 중독이나 약물 중독은 다른 질병을 불러오는데요. 한국의 게임 중독 상담·치유 전문 기관인 '게임과 몰입 힐링센터'가 발표한 자료에 따르면 게임 중독자들도 관련된 질병을 앓고 있습니다. 주의력결핍 과잉행동장애ADHD, 우울증, 조울증, 아스퍼거 증후군 등이 그것이지요.

게임 중독 병에 ADHD나 우울증 같은 정신 질환이 겹치는 원인에 대해 의학자들은 '뇌의 구조적 취약성'을 꼽습니다. 인터넷에 중독된 청소년은 이해력, 어휘력, 수리력 등 지능이 크게 떨어진다는 조사 결과도 나와 있습니다.

가령 인터넷 중독 청소년의 이해력 점수는 9.92로, 일반 청소년(11.65)에 비해 현저히 떨어졌는데요. 수리력노 인터넷에 중독된 기간이 길수록 떨어지고, 나이가 어렸을 때 시작됐을수록 숫자 암기에 부진한 것으로 나타났습니다.

자, 그럼 여기서 짚어 봅시다. 왜 똑같은 인터넷을 두고 한편에서는 네티즌의 집단 지성 현상이 나타나고 한편에서는 지능이 떨어지거나 상상만 해도 몸서리치는 참극이 벌어질까요? 우리가 스마트폰을 비롯해 미디어를 촘촘히 짚어 보아야 할 까닭이 바로 여기 있습니다. 인터넷을 앞장서서 개척해 가고 있는 미국도 "인터넷은 당신을 더 멍청하게 만드는가, 아니면 더 똑똑하게 만드는가 Does the internet make you dumber or smarter?"라는 문제를 놓고 토론을 한창 벌이고 있습니다.

우리 삶에 극과 극의 영향을 끼치는 인터넷이라는 친구를 보면서 우리는 "똑같은 물을 마셔도 뱀은 독을 만들고 소는 우유를 만든다"는 경구를 새길 수 있습니다. 인터넷을 비롯한 미디어의 유용성과 해로움 여부는 그것을 받아들이는 사람에게 달려 있다는 뜻이겠지요. 그 또한 잊어서는 안 될 말임이 틀림없습니다.

하지만 '물'과 달리 인터넷을 비롯해 미디어는 살아 있는 존재입니다. 물은 인간이 지구상에 나타나기 훨씬 이전부터 존재했지만, 인터넷은 인류 사회에 본디 없었던 존재였어요. 역사상의 어느 순간에 태어났고 커 가면서 끊임없이 사람들의 생각과 행동을 담아 가고 있지요. 집단으로 지성을 만들기도 하고, 온갖 자극적인 게임으로 몸집을 부풀리기도 합니다. 전자는 인터넷의 건강한 모습이고, 후자는 질병이 된 인터넷 중독의 몰골이겠지요.

우리가 인터넷을 비롯한 미디어를 살아 있는 존재, 생물로 바라보아야 할 이유가 여기 있습니다.

집단 지성의 상징인 동시에 가장 가까운 사람들 사이에 살인을 부르는 인터넷을 올바르게 이해하려면, 다시 말해 '인터넷 건강'을 지키려면 미디어로서 인터넷을 넓고 깊이 있게 바라보아야 합니다. 인터넷은 인류가 탄생시켜 온 미디어의 오랜 역사에서 가장 끝에 자리하고 있기 때문에 미디어에 대한 이해부터 필요하겠지요.

인터넷은 인류가 오랜 세월에 걸쳐 가꾸어 온 모든 미디어를 자기 안에 담고 있습니다. 지금 당장 인터넷을 열어 보면 확인할 수 있지요. 그 안에 신문과 방송을 비롯한 모든 미디어가 숨 쉬고 있으니까요.

자, 그럼 미디어가 무엇인가를 먼저 살펴보고 이어서 신문과 방송, 광고와 영화로 차례차례 즐거운 여행을 떠납시다.

게임 중독 청소년용 자가 진단

1. 게임을 하는 것이 친구들과 어울리는 것보다 좋다.   ( )
2. 게임 공간에서의 생활이 실제 생활보다 더 좋다.   ( )
3. 게임 속의 내가 실제의 나보다 더 좋다.   ( )
4. 게임에서 사귄 친구들이 실제 친구들보다 나를 더 알아준다.   ( )
5. 게임에서 사람을 사귀는 것이 더 편하고 자신 있다.   ( )
6. 밤늦게까지 게임을 하느라 시간 가는 줄 모른다.   ( )
7. 게임을 하느라 해야 할 일을 못 한다.   ( )
8. 갈수록 게임을 하는 시간이 길어진다.   ( )
9. 점점 더 오랜 시간 게임을 해야 만족하게 된다.   ( )
10. 게임을 그만두어야 하는 경우에도 그만두는 것이 어렵다.   ( )
11. 게임하는 시간을 줄이려고 노력하지만 실패한다.   ( )
12. 게임을 안 하겠다고 마음먹고도 다시 게임을 하게 된다.   ( )
13. 게임 생각 때문에 공부에 집중하기 어렵다.   ( )
14. 게임을 못 한다는 것은 견디기 힘든 일이다.   ( )
15. 게임을 하지 않을 때에도 게임 생각을 하게 된다.   ( )
16. 게임으로 인해 생활에 문제가 생기더라도 게임을 해야 한다.   ( )
17. 게임을 하지 못하면 불안하고 초조하다.   ( )
18. 다른 일 때문에 게임을 못 하게 될까 봐 걱정된다.   ( )
19. 누가 게임을 못 하게 하면 신경질이 난다.   ( )
20. 게임을 못 하면 화가 난다.   ( )

전혀 그렇지 않다-1점, 때때로 그렇다-2점, 자주 그렇다-3점, 항상 그렇다-4점

진단 결과 판정 ■ 고위험 사용자 : 49점 이상
　　　　　　　　 ■ 잠재적 위험 사용자 : 38~48점
　　　　　　　　 ■ 일반 사용자 : 37점 이하

출처: 한국정보화진흥원

인터넷에 내 개인정보가 올라가 있으면 어떻게 해야 하나요?

다른 사람들에게 알리고 싶지 않은 정보가 인터넷에 올라오는 이유는 대부분 '회원 가입'에서 비롯합니다. 누구나 인터넷에서 게임을 할 때나 학교 숙제를 위해 정보를 검색할 때 회원에 가입하는 절차를 밟은 경험이 있겠지요. 그렇게 입력된 정보가 자신도 모르게 유출될 수 있습니다.

노출된 정보를 삭제하려면 먼저 노출된 웹사이트의 운영자 또는 개인정보 관리 책임자에게 그 사실을 알리고 삭제를 요청해야 합니다. 문제의 웹사이트에서 노출된 개인정보가 삭제되더라도 포털 사이트의 임시 정보 저장고에 보관되어 있을 수 있으니 개인정보 관리 책임자에게 정보 삭제를 꼭 요청할 필요가 있지요.

법에 따라 웹사이트에 담당 부서의 명칭과 전화번호를 의무적으로 공지해야 하므로 찾기 쉽습니다. 삭제 요구에 불응할 때는 한국인터넷진흥원의 개인정보 침해 신고센터로 연락하면 됩니다(https://privacy.kisa.or.kr/main.do).

가장 좋은 방법은 사전에 예방하는 거죠. 개인정보를 보호하기 위한 다섯 가지 원칙이 있어요.

1. 자신의 이름이나, 집 주소, 전화번호를 아무에게나 가르쳐 주지 마세요.

2. 온라인에서 사용하는 닉네임, 사용자 ID, 비밀번호를 잘 관리하세요.

3. 웹사이트의 '개인정보 보호 정책'을 읽고 그 사이트가 개인정보를 어떻게 이용하는지 알아 두세요.

4. 웹사이트들은 청소년의 개인정보를 수집하기 전에 반드시 부모님 동의를 받아야 합니다. 그렇지 않은 웹사이트에 개인정보를 함부로 주지 마세요.

5. 남들과 함께 나누고 싶은 개인정보보다 더 많은 정보를 요구하는 웹사이트가 있으면 당장 빠져나오세요.

네이버나 다음의 메인 화면에 뜨는 기사는 어떻게 해서 올라가나요?

한국 인터넷에서 포털은 '네이버'와 '다음'이 자리를 굳혔습니다. 포털에 들어가면 한가운데에 주요 뉴스들이 자리하고 있지요. 그날에 가장 이슈가 될 만한 기사들이 사진 혹은 톱뉴스(헤드라인) 형태로 나옵니다.

포털들은 각 언론사들과 계약을 맺고 기사를 받고 있습니다. 전면(메인 화면)에 나오는 뉴스란은 한정되어 있고, 수많은 기사 가운데 어떤 것을 올리느냐의 선택권 문제가 자연스럽게 제기될 수밖에 없겠지요. 각 언론사가 톱뉴스를 결정해서 보내면 그것을 살려 한 줄 제목으로 올리기도 합니다만, 아무래도 포털의 힘이 커지고 있습니다.

실제로 가장 영향력 있는 언론사를 꼽는 전문가들의 설문에 포털이라는 응답 비율도 높았지요. 한 시사 주간지가 전문가들을 대상으로 한 '가장 영향력 있는 언론 매체' 설문 조사에서 네이버의 순위는 2010년대부터 점점 상위권으로 진입했습니다.

포털은 스스로 '인터넷 뉴스 서비스 사업자'임을 밝히며 '기사 배열에 관한 자율 규약'을 발표했는데요. 포털이 발표한 자율 규약은 보도의 자유로운 유통, 다양성, 공정성을 포함하고 있지만, 기사 '선택권'도 명문화하고 있어서 논란을 빚고 있습니다. 그만큼 포털의 위상이 커졌다는 것을 뜻하겠지요.

더 중요한 것은 세상 돌아가는 것을 포털에만 의존할 때 나타날 수 있는 문제점입니다. 포털 뉴스가 사람들의 눈길을 끌려다 보니 선정적인 제목과 내용들을 많이 올리는데요. 굳이 보지 않아도 될 사진이나 연예인 기사들로 소중한 시간을 허비할 가능성이 높습니다. 흔히 '낚시 기사'라고 하지요. 거기에 낚이지 않도록 유의해야겠지요.

2장

미디어가 생물이라고요?

 스마트폰을 비롯한 미디어가 생물이라
고 말하면 당장 되묻겠지요? 미디어가 생
물이라고요? 당연한 반문입니다. 실제로
미디어가 생물이라는 말은 자연 과학적 명제가 아니니까요. 미디
어를 고정불변의 물리적 대상이 아니라 사람들과 소통하며 진화
해 가는 유기체로 볼 때 더 잘 볼 수 있다는 인문학적 제안입니다.

말 – 인간이 사용한 최초의 미디어

미디어는 역사상의 어느 시점에 나타나 진화해 왔으며 그 과정
에서 개개 미디어는 마치 생명체처럼 태어나고 성장하고 병들고
사멸해 왔습니다. 새롭게 다시 태어나기도 했지요. 그 변화무쌍한
미디어의 운명은 인간인 우리가 그것과 어떻게 소통하느냐에 달

려 있습니다.

여러 미디어의 변화무쌍함을 알아보기 전에, 아니 깊이 있게 알기 위해서라도 먼저 미디어가 무엇인지부터 명확하게 짚고 갈 필요가 있겠지요.

짐작했듯이 미디어는 순우리말이 아닙니다. 영어 'media'를 옮긴 외래어이지요. 매체를 뜻하는 'medium'의 복수형입니다. 우리말엔 낱말 자체에 복수형이 없기 때문에 – 굳이 구분하자면 '매체들'이라고 옮겨야겠지만 – 매체와 미디어를 서로 혼용해서 같은 뜻으로 씁니다. 매체, 또는 미디어의 국어사전 뜻은 "어떤 작용을 한쪽에서 다른 쪽으로 전달하는 물체, 또는 그런 수단"입니다. 사전은 곧장 이어서 "신문이나 잡지, 라디오나 텔레비전 등의 매스 커뮤니케이션을 가리키는 매스미디어 mass media와 혼용하는 경우가 많다"고 서술해 놓고 있지요.

따라서 미디어는 매체라는 본디 뜻과 대중매체(매스미디어)라는 뜻을 모두 지니고 있는 말이라고 이해하면 정확합니다. 그럼 '대중매체'를 다시 찾아볼까요? 국어사전 풀이는 '신문, 잡지, 영화, 텔레비전 따위와 같이 많은 사람들에게 대량으로 정보와 사상을 전달하는 매체'입니다. 자, 정리해 보죠. 미디어는 '어떤 작용을 다른 쪽으로 전달하는 것'을 뜻하거나 '많은 사람들에게 대량으로 정보와 사상을 전달하는 매스미디이'를 줄여서 쓰는 말입니다. 앞의 정의가 더 포괄적이고 보편적이겠지요.

그렇다면 우리 인간이 사용한 최초의 미디어는 무엇인가부터 생각해 볼까요. 무엇이 떠오릅니까? 사람들 개개인이 자기(주관) 밖의 환경에 대하여 인식하고 그것을 표현하는 데 쓰는 게 있지요? 바로 '말'입니다.

사람은 자신의 느낌이나 생각을 말로 표현해 다른 사람에게 전달합니다. 말은 오랜 세월에 걸쳐 진화해 온 사람만이 지닌 아주 특별한 현상이지요. 말 자체가 생명체 진화의 산물입니다. 가장 원초적인 미디어로서 말은 의사소통을 자유롭게 할 수 있다는 점에서 다른 동물의 소리와 비교해 볼 때 정말이지 혁명적 변화였습니다.

인간을 비로소 인간이게 한 말은 다양한 모습으로 진화했습니다. 대륙별, 지역별로 저마다 고유의 형태를 갖추며 나타났지요. 말은 그 말을 사용하는 사람들의 운명과 밀접한 관련을 맺어 왔습니다. 그 결과 어떤 말은 점점 커져 세계적인 말로 성장한 반면에 어떤 말은 이미 사멸했습니다.

미디어를 생물로 보자는 제안이 가장 실감 있게 다가오는 부분이지요. 말은 인간이라는 생명체의 일부이니까요. 인간이 직립하지 못했다면 목의 구조와 뇌가 지금과 같이 진화하지 못했을 게 분명하고 그랬을 때 말은 나타나기 어려웠겠죠.

우리에게 말은 우리 몸의 일부처럼 생각되기에 그것이 미디어임을 놓치기 쉽죠. 더구나 그것이 인간을 인간답게 한 혁명적 변화였다는 사실도 명료하게 기억해 둘 필요가 있습니다.

그런데 인류에게 혁명적 변화는 비단 말에 그치는 게 아니었습니다. 또 무엇이 있었을까요? 말로 자신을 표현하고 뜻을 전달해 온 사람들이 태어나서 죽고 그 후손들이 다시 태어나서 죽는 오랜 세월이 흐른 어느 시점에 인류는 말이라는 미디어에서 한 걸음 나아간 새로운 미디어를 '출산'하지요. 바로 '글'입니다.

말만 있던 세상에 글이라는 미디어가 처음 나왔을 때 그것은 혁명적 변화의 출발이었습니다. 역사가들은 보수든 진보든 입을 모아 글의 탄생을 '문자 혁명文字革命'이라 부르는 데 주저하지 않습니다. 문자의 발명이 인류 사회에 끼친 혁명적인 변화가 어떤 것인지 구체적으로 살펴볼까요?

문자文字 – 미디어 혁명의 출발점

흔히 우리가 너무 자연스러워 지나치고 있지만 미디어로서 문자는 '말을 기록하기 위한 시각적 기호의 체계'입니다. 미디어로서 말이 귀를 통해 소통하는 반면, 글은 눈을 통해 소통을 합니다. 사람의 목소리로 전달하는 말과 달리 문자는 '눈에 보이는 기호'로 전달하니까요. 그 당연한 사실을 곰곰 짚어 보면 혁명적 변화의 뜻을 스스로 파악할 수 있습니다.

어떤가요. 말은 입에서 나온 순간 사라지고, 아무리 크게 말해도 멀리 떨어져 있는 곳에는 이르지 못하지요. 그것은 미디어로서 결정적 한계입니다.

그런데 말을 시각적 기호로 바꾸어 기록하면 어떻게 될까요? 문자는 영구적이고 먼 곳까지 전달할 수 있지요. 시간과 공간 모두에서 말이 지닌 결정적 한계를 문자는 단숨에 넘어섰습니다. 그것이 문자 혁명이란 평가가 나온 이유입니다. 그 혁명 이후 인류의 역사는 비약적 발전을 이룰 수 있었습니다. 인류가 발견한 슬기가 문자 속에 고스란히 담겨 전달되고 축적되어 대대로 이어질 수 있었기 때문이지요.

　미디어로서 문자 또한 말이 그렇듯이 살아 있는 생물입니다. 명백히 탄생 시점이 있고 성장하며 어느 순간 사멸되기도 했습니다. 가령 21세기인 지금 과거에 영어 문자로 쓰여진 기록은 누구나 사전을 찾아 읽어 갈 수 있겠지만, 수메르 문자를 이해하는 사람은 지구촌에 지극히 소수입니다. 그 문자를 해독하려면 전문적 지식을 갖춰야 하지요. 영어 문자는 전 세계적으로 성장하며 살아 있고 수메르 문자는 오래전에 죽었기 때문입니다.

　비록 개개 말과 글은 흥망성쇠를 겪어 왔지만 보편적 미디어로서 말과 글은 우리 삶과 뗄 수 없을 만큼 밀접하게 살아 숨 쉬는 '기본적 미디어'입니다. 그것은 마치 무수히 많은 개개인들이 생로병사의 과정을 겪었지만, 인류는 대를 이어 가며 살아 숨 쉬고 있는 이치와 같겠지요.

　그렇다면 말과 글로 미디어의 혁명은 끝난 걸까요?

　아니지요. 인류의 호기심과 탐구심은 지칠 줄 몰랐고 만족하지도 않았습니다. 말과 글에 이은 미디어의 세 번째 혁명, 바로 그것이 매스미디어, 대중매체의 출현입니다.

가장 먼저 나타난 대중매체는 신문이지요. 그 뒤 줄을 이어 새로운 형태들이 나타났지요. 우리 곁에서 이미 친숙하게 함께 살고 있는 라디오, 텔레비전, 인터넷이 순서대로 태어났습니다.

새삼 짚을 대목은 매스미디어들 각각이 이전에는 존재하지 않았다는 엄연한 사실입니다. 가령 세계 4대 성인으로 꼽히는 붓다, 공자, 소크라테스, 예수(출생순)는 누구도 신문을 읽지 않았습니다. 텔레비전은 상상조차 하기 어려웠겠지요. 그들 모두는 매스미디어가 아예 없었던 시대를 살아갔습니다. 근대 사회에 들어서서 만유인력의 법칙을 발견한 뉴턴 또한 방송을 전혀 듣거나 보지 못했습니다. 아직 전파 미디어가 탄생하기 전에 살았으니까요. 20세기의 천재 물리학자로 단연 손꼽히는 아인슈타인에게도 인터넷과 '소셜미디어'는 떠오르지 않았습니다. 인터넷은 그가 눈감은 뒤에야 사람들 앞에 등장했지요.

여기서 21세기를 살아가는 사람들이 살아가는 풍경을 가만히 둘러볼까요? 집 거실이나 학교 교실에는 인터넷이 연결된 컴퓨터가 놓여 있습니다. 우리 몸을 감싸고 있는 옷에는 스마트폰이 담겨 있지요. 집이나 사무실에서 신문이나 텔레비전을 보는 사람들도 여전히 많습니다.

말과 글의 원초적 기본 미디어는 물론 매스미디어가 사람과 함께 살아 숨 쉬는 모습을 살펴보면 현대 사회에서 인간은 미디어 없이 살아가기 어렵다는 사실을 누구나 깨달을 수 있습니다.

21세기의 '미디어 생태계'

2021년 통계청은 10세 이상 모든 국민을 대상으로 '생활시간'을 조사해서 발표했습니다. 살아 가는 데 꼭 필요한 잠(수면)을 자고 밥을 먹는 데 쓰는 '필수 생활시간'이 11시간 34분으로 나타났지요. 학교생활과 일(노동)하는 시간인 '의무 생활시간'은 7시간 38분입니다.

사실 필수 생활시간과 의무 생활시간이 하루의 대부분이지요. 그래서 더욱 '여가 생활시간'이 중요한데요. 평균 4시간 47분으로 조사됐습니다.

그런데 그 자유롭고 소중한 시간의 절반 이상을 우리는 스마트폰과 함께합니다. 스마트폰 이용이 2시간 26분이지요. 나머지 시간을 교제·참여 활동·스포츠·레포츠·문화·관광에 씁니다.

여가 시간에 스마트 기기 이용 비율은 가파르게 높아졌는데요 '인터넷 검색, 1인 미디어 제작, SNS'의 비율이 34.2퍼센트로 가장 높았습니다. '모바일 콘텐츠·동영상·VOD 시청'도 32.6퍼센트였지요. 게임도 18.9퍼센트나 됐습니다.

스마트폰 보유율이 2020년 기준, 이미 93퍼센트가 넘었습니다. 통계청은 조사 결과 "60대 이상을 제외한 전 연령층에서 스마트폰

이용 인구 비율이 TV 이용 인구 비율보다 높게 나타났다"고 밝혔지요.

청소년들이 보기엔 신문 읽는 사람이 얼마나 있느냐, 누가 요즘 TV로 뉴스를 보느냐고 눈 흘길 수겠지만, 스마트폰으로 열어 보는 새로운 정보들의 가장 큰 원천을 생각해 볼 필요가 있습니다. 스마트폰에서 볼 수 있는 정보들에서 그래도 가장 믿을 수 있는 '출처'는 신문과 방송이거든요. 유튜브도 꼼꼼히 짚어 보면 대부분 신문과 방송의 뉴스에 바탕을 두고 있습니다.

신문과 방송은 한 나라의 정치, 경제, 사회, 문화를 움직여 가는 사람들이 언제나 주의 깊게 살펴보는 미디어이기 때문에 직접적 영향뿐 아니라 그들에 의한 간접적 영향도 큽니다.

그래서 우리가 미디어와 더불어 살아가는 풍경을 21세기 들어서면서 '미디어 생태계'로 표현하는 전문가들이 늘어나고 있습니다. 스마트폰만이 아니라 신문, 방송, 인터넷을 비롯한 여러 미디어를 단순히 우리 생활을 도와주는 서비스로 보는 것이 아니라 우리가 살아가는 인생과 뗄 수 없는 유기적 관련을 맺고 있는 존재로 파악하기 시작한 것이지요. 사실 통계청이 발표한 '의무 생활시간'에 들어가는 일터와 학교에서 보내는 시간도 미디어를 이용하는 비율이 높기 때문에 현대인의 일상에서 미디어 의존도는 대단히 높습니다.

조금 딱딱한 말일 수도 있지만 '미디어 생태계'라는 개념은 앞으로 점점 더 많은 사람들이 이야기해 나갈 영역이기에 명확하게 알아 둘 필요가 있습니다.

생태계ecosystem, 生態系는 어떤 지역 안에 사는 생물군과, 이것들을 제어하는 환경 요인이 종합된 복합 체계를 이르는 개념입니다. 환경이란 말은 익숙하겠지요. 그런데 환경이란 말은 다분히 인간 중심적 개념이거든요. 환경이라는 말 자체가 프랑스어 'environner(둘러싸다)'에서 유래되어 '~을 둘러싼 삶의 조건'을 뜻합니다. 사람을 둘러싼 조건 정도로만 파악하는 것이지요.

그런데 생태계는 그리스어 'Oikos(거주지, 집)'에서 유래된 '삶의 장소'를 의미합니다. 환경이 사람과 자연을 분리해서 생각하는 이원론에 근거하고 있는 데 비해, 생태계는 사람과 자연 사이의 관계를 불가분의 의존적 관계로 파악한다는 점에서 차이가 있습니다.

그것을 미디어에 적용한 개념이 '미디어 생태계'입니다. 그 말을 제안한 연구자들은 미디어를 '인간의 환경'으로 인식하고 미디어와의 유기적 연결이 인간의 지각과 의식을 확장한다고 봅니다.

인터넷을 기반에 두고 미디어들의 융합은 앞으로도 활발히 이뤄질 전망입니다. 디지털 네트워크를 기반으로 공급자와 이용자는 물론 국가와 시민 사회까지 모든 참여자들이 연결되고 있는 거죠.

미디어 생태계는 사람이 단순히 자연의 생태계에 살고 있지 않다는 사실을 부각합니다. 인류가 자연 생태계 못지않게 미디어 생태계에서 살고 있다는 거죠. 오랜 세월에 걸쳐 인류가 진화하며 창조한 말과 글이라는 기본적 미디어가 그랬듯이 새로운 미디어들이 우리 개개인의 삶에 점점 깊숙이 들어올 것입니다.

말과 문자가 없는 사회가 과연 사람이 사는 곳일까, 21세기에 인터넷 미디어가 없는 사회가 과연 가능할까를 차분히 성찰해 보면 미디어 생태계의 의미를 실감할 수 있겠지요.

그렇다면 이제 미디어 생태계에 자리하고 있는 미디어들을 하나하나 자세히 살펴볼까요. 가장 먼저 출생한 매스미디어, 신문으로 거슬러 올라가죠.

미디어와 민주주의의 관계에 대해서 알려 주세요

 일찍이 그리스 철학자 아리스토텔레스가 말했듯이 사람은 '정치적 동물'입니다. 그 말은 사람들이 정치에 관심 있다는 단순한 차원의 주장이 아닙니다. 사람은 서로 모여서 살기 때문에 정치로부터 벗어날 수 없다는 뜻이지요. 그렇다면 어떤 정치 체제인지가 사람들의 생태계를 결정하겠지요.

민주주의는 인류의 오랜 꿈이었습니다. '데모크라시democracy'의 어원 그대로 민중데모스 demos의 통치크라티아 kratia가 민주주의입니다. 흔히 민주주의를 여론 정치라 하는 이유는 여론에 의해 정치가 움직인다는 뜻인데요. 그렇다면 문제는 여론을 누가 만드느냐에 있겠지요.

민주주의라는 말이 처음 나온 고대 아테네에서 여론은 시민들이 모두 모인 광장에서 만들어졌습니다. 물론 아고라에 노예들은 참여하지 못했습니다. 그런데 후대에도 이런 식의 직접 민주주의가 가능할까요? 도시국가인 아테네와 달리 인구가 크게 늘어나면서 여론은 광장에서 만들어질 수 없었지요.

왕이 여론을 무시하며 정치를 독점하던 오랜 시대를 지나 근대 사회에 들어서서 대중매체가 잇따라 선보이면서 비로소 여론 정치가 가능해졌습니다. 여론을 형성하는 기관으로서 미디어가 점점 더 주목받게 된 이유이지요.

민주주의 체제의 정치적 상징을 3권 분립에 두는 사람들이 많은데요. 입법부, 행정부, 사법부 사이에 힘의 균형을 일컫는 말이지요. 그 3부를 모두 감시하는 제4부로서 언론을 꼽을 만큼 미디어는 중요합니다. 민주주의와 미디어는 서로 영향을 주고받으며 지금도 진화하고 있습니다.

뉴스는 왜 봐야 하나요?

문명 발달과 동떨어진 채 부족 공동체로 살아가는 사람들을 탐구한 인류학자들은 놀라운 사실을 발견했습니다. 공동체 구성원들은 자신들이 거처하는 곳 너머에서 일어나는 일을 알려고 했습니다. 언덕에 올라 멀리 바라보고 마을로 내려와서는 자기가 본 것을 알려 주는 사람이 어디든 있었지요. 학자들은 그 용기 있는 '원시인'에서 오늘의 기자를 발견합니다.

기실 사람만이 아니지요. 모든 생명체는 생존을 위해 자신을 둘러싸고 있는 환경을 주시해야 합니다. 사자가 다가오는 것을 모르는 얼룩말은 곧바로 먹이가 되겠지요.

원시적 공동체든 21세기 문명사회든 사람들은 자신의 삶에 영향을 끼치는 사건들을 정확히 알아야 대처할 수 있습니다. 바로 그것이 뉴스를 보아야 할 이유입니다. 세상에서 일어나는 일을 모를 때 자칫 생명의 위협을 받게 되지요. 멀리서 태풍이 다가오고 있다는 소식을 모르고 바다낚시에 열중하는 사람은 위험에 직면할 수밖에 없습니다.

더구나 21세기 지구촌은 촘촘하게 연결되어 있어요. 2008년 9월 미국에서 불거진 금융 위기는 곧장 전 세계로 퍼져 나가 지구촌 곳곳에서 살아가는 사람들의 삶을 어렵게 했지요.

청소년들 또한 자신이 앞으로 살아갈 세상에 대한 정보를 알아야 슬기롭게 대처할 수 있겠지요. 비단 고등학교 교육 과정이나 대학 입시제도의 변화만이 아닙니다. 자신이 선택해야 할 직업 또한 세상이 어떻게 돌아가는가와 연관성이 있어요.

누가 앞으로 대한민국을 책임질 대통령이 되느냐 하는 문제도 교육 정책을 비롯해 자신의 삶에 큰 영향을 줍니다. 뉴스에 무관심할 때, 그 대가는 고스란히 자신이 치르게 됩니다. 이미 우리는 미디어 생태계에 살고 있으니까요.

신문기자나 방송기자가 되려면 어떻게 해야 하나요?

기자가 되는 길, 현실부터 말씀드리지요. 시험이라면 질리겠지만 수습기자 시험에 합격해야 기자가 될 수 있습니다. 모든 신문사와 방송사가 해마다 수습기자를 뽑고 있습니다. 대부분 대학을 졸업하고 언론사 시험에 응시하는데요. 응시 원서를 받을 때 학력 제한을 두지 않는 언론사도 있지만, 대학을 졸업하지 않고 기자가 되려면 그만큼 다른 사람에 비해 특출한 능력이 있어야겠지요.

기자가 되려는 지망생들이 많기 때문에 경쟁률은 높습니다. 흔히 '언론 고시'라고 하는 이유가 그만큼 합격하기 어려워서인데요. 하지만 지레 단념할 이유는 전혀 없습니다. 수습기자 시험에 합격해서 기자로 활동하는 젊은이들이 해마다 분명히 나오고 있으니까요.

시험 준비를 위해서는 일단 문장력을 길러야 합니다. 작문이나 논문 시험을 볼 때 문장력에 따라 차이가 크게 나거든요. 영어도 꾸준히 공부해야 합니다. 한국에서 기자를 하는데 왜 영어를 공부해야 하느냐는 질문을 가질 수 있습니다. 영어 비중이 높은 건 문제임이 틀림없지요. 하지만 지구촌 시대에 영어는 기자로서 갖춰야 할 '무기'입니다. 다른 나라 정치인이나 경제인, 작가를 만나 언제라도 인터뷰할 수 있는 능력을 갖추면 좋지 않겠어요?

무엇보다 중요한 것은 왜 기자가 되려고 하는가에 있습니다. 기자의 본령은 어떤 상황에서든 진실을 사람들에게 알려 주고 정치권력은 물론 모든 권력을 감시하고 비판하는 데 있습니다. 기자가 꿈이라면 자기 안에 정의감이 얼마나 있는지부터 짚어 볼 필요가 있습니다.

3장

신문의 나이는 몇 살일까요?

　　말과 문자라는 미디어와 달리 매스미디어는 많은 사람들에게 자신의 느낌이나 생각을 전달할 수 있습니다. 문자가 말과 달리 시간과 공간을 넘어 생각을 전달할 수 있다고 하더라도 그것은 그 문자를 볼 수 있는 위치에 있는 사람들에게 한정되어 있었지요.

　　사람들은 자기 생각을 가능한 많은 사람들에게 빨리 전달할 방법을 오랫동안 모색해 왔습니다. 빨간 인주를 꾹꾹 눌러 서류에 찍는 도장을 떠올려 봅시다. 나무나 뿔에 우리 이름을 새겨서 찍어 내지요. 인쇄술의 이치가 바로 그렇습니다. 인쇄술이 인류 역사에 나타나고 나서야 매스미디어는 비로소 가능해졌지요.

동서양 기술의 합작품인 신문

그렇다면 가장 오래된 매스미디어, 신문의 나이는 몇 살일까요?

지구상에 근대적 신문이 처음 탄생한 시점은 1500년대 중반으로 알려져 있습니다. 서기 1536년 이탈리아로 함께 가 볼까요. 그곳에 자리한 베네치아는 바다와 접한 상업의 중심지로 도심 곳곳에 운하가 들어와 있습니다. 언론학자들은 상업이 발달한 베네치아에서 주기적으로 발행된 〈가제트Gazette〉를 최초의 신문으로 꼽습니다. 더러는 독일의 〈렐라치온Relation〉이 먼저라고도 합니다만, 둘 중에 어느 것이 최초인가는 사실 그렇게 중요하지 않습니다.

우리가 기억해 둘 것은 유럽에서 1500년대에 인쇄술이 개발되고 제지술이 보급되면서 이탈리아, 독일, 네덜란드, 스페인, 영국에서 조금씩의 시차는 있었지만 거의 동시에 인쇄 매체로서 신문이 세상에 등장했다는 사실입니다.

그러니까 신문의 나이는 500살 가까이 되는 셈이지요. 어떤가요? 500살이라면, 실감이 잘 나지 않죠. 그런데 우리나라만 보더라도 500살 된 나무들이 드문드문 살아 있습니다. 제가 글을 쓰다가 산책을 나가는 길에도 500살 된 느티나무가 우람하게 가지를 뻗고 있지요. 저는 그 나무를 볼 때마다 신문과 동갑이라는 사실을 떠올립니다.

신문의 나이를 따지면서 오래된 나무와 비교한 것은 이유가 있습니다. 신문과 나무가 아주 밀접한 관련이 있기 때문이지요. 아니, 단지 밀접한 관련이 아닙니다. 나무가 없었다면 신문은 태어나지 못했어요. 왜 그럴까요?

그렇죠. 신문을 인쇄하는 종이가 나무에서 오지요. 대중매체로서 신문이 대량으로 배포되려면 그것을 찍어 낼 인쇄술 못지않게 제지술이 발달해야 합니다. 종이를 생산하는 제지술이 없었다면 신문은 태어나지 못했지요.

제지술, 곧 종이를 만드는 기술은 서유럽에 아주 늦게 도입되었습니다. 본디 종이는 서기 105년, 중국에서 처음 발명되었지요. 그러다가 751년에 이르러 아랍으로 퍼져 갔고, 10세기 말에 이집트에도 종이 만드는 방법이 전해졌습니다. 지금 기준으로 본다면 정말 놀라울 만큼 더딘 속도로 전파되었지요.

이슬람 세계에서 종이를 만들어 쓸 때까지 유럽에서는 양의 가죽(양피지)이나 파피루스라는 이름의 식물을 사용했습니다. 유럽은 12세기에 와서야 비로소 아랍인들로부터 제지술을 배울 수 있었어요. 유럽에서 처음으로 종이를 만드는 제지 공장이 생긴 곳은 1189년 프랑스였습니다. 이탈리아에서는 1276년, 독일에서는 1390년, 영국에서는 1494년에 제지 공장이 세워졌지요. 제지술이 유럽 곳곳에서 발달해 가고 있었기에 신문이 1500년대에 태어날 수 있었습니다.

그렇게 볼 때 500살 넘은 나무와 신문의 나이가 동갑이라는 뜻은 여러 가지를 생각하게 해 줍니다. 500살 된 고색창연한 나무와 같은 시기, 그리고 그 이후에 싹트고 커 가던 아주 수많은 나무들이 신문 발행을 위해 죽음을 맞았을 테니까요. 다시 말하자면 신문은 나무를 '식량'으로 해서 무럭무럭 커 왔다고 볼 수 있겠지요.

지구 곳곳에서 나무를 소비하며 꾸준히 500살 가까이 자라났지만 제지술만으로 신문이 태어난 것은 아닙니다. 앞서 말했듯이 제지술과 더불어 인쇄술이 발달해야 가능했겠지요.

흥미롭게도 인쇄술 또한 서양보다 동양이 먼저입니다. 세계 최초로 금속 활자를 만들어 인쇄한 나라가 어딘지 아시나요? 바로 우리나라입니다.

고려 시대에 금속 활자로 간행된 책『직지』는 1377년에 인쇄되었지요. 서양 최초의 금속 활자 인쇄본의 발간 연도가 1455년이니까 78년이나 앞섰습니다. 물론, 고려의 금속 활자 발명은『직지』보다 훨씬 앞입니다. 인쇄했다는 기록은 있지만 전해 오지는 않는 책『고금상정예문』은 유럽보다 200년 이상 앞서 있지요.『고금상정예문』은 전해 오지 않지만 선불교의 이야기를 담은『직지』는 프랑스 국립도서관에 보관되어 있습니다. 2001년 유네스코에 세계 기록 문화유산으로 등재되었지요.

『직지』를 인쇄한 고려인의 이름은 아무도 모르지만 유럽에서 금속 활자로 인쇄한 사람의 이름은 세계적으로 유명해졌습니다. 요하네스 구텐베르크(1397~1468)입니다. 1450년에 인쇄 공장을 만들어 1455년 42행으로 된『성서』를 발간하지요. 구텐베르크의 금속 활자 보급이 없었다면 신문도 탄생하지 못했을 게 분명합니다. 역사가들은 인쇄술의 보급이 세계사에 끼친 영향에 주목해 그것을 '구텐베르크 혁명'으로도 부릅니다.

신문은 민주주의의 산물이다

그렇다면 신문은 제지술과 인쇄술의 발달로 출생했다고 생각해도 될까요? 그건 아닙니다. 제지술과 인쇄술을 더하면 자동으로 신문이 나오는 것은 결코 아니니까요.

그럼 거기에 무엇이 들어가야 할까요? 실제로 일어난 역사적 사실들을 돌아보면 알 수 있습니다. 유럽의 중세를 알고 있나요? 조선의 중세가 그랬듯이 유럽에도 엄격한 신분제도가 자리 잡고 있었고 그 피라미드 정점에는 왕이 있었지요. 왕은 귀족들을 통해 지배했습니다. 신분제에 근거한 왕정 아래서 국민 대다수는 정치에 참여할 수 없었지요. 아니, 정치에 대해서 말조차 공개적으로 하지 못했습니다. 언론의 자유가 없었거든요.

그런데 신분제도 아래서 상업과 수공업에 종사하던 사람들이 유럽에서 조금씩 부를 축적해 갔습니다. 당시 서유럽은 동아시아의 한국(조선)이나 중국(명·청나라)처럼 거의 완벽한 중앙 집권의 왕조 체제를 갖추지 못했기 때문에 상인과 수공업자들의 힘이 커 나갈 수 있었지요. 상업과 수공업이 활발하게 일어나면서 사람들은 더 많은 이익을 얻으려고 여러 가지로 모색했는데요. 그 가운데 하나가 상업하는 사람들에게 물가와 지역 정보를 모아 판매하는 새로운 상품이었어요. 일종의 상품 정보지이지요.

바로 그 상품 정보지가 신문의 아기 시절이라고 보면 됩니다. 상품 또는 상업 정보지로서 커 나가던 신문은 역사적으로 점점 힘이 커지던 상인들의 정치적 의견을 어느 순간부터 담아 가기 시작합니다.

수공업에서 시작해 공업으로 사업을 키워 가며 돈(자본)을 모은 사람들은 왕족은 물론 귀족들로부터 자신들이 차별받고 있다고 생각했지요. 나라를 운영하는 세금 대부분을 자신들이 내면서도 정작 자신들의 운명을 좌우할 정치적 결정에는 전혀 참여할 수 없다는 사실에 그들의 불만과 분노는 차곡차곡 쌓여 갔습니다.

왕과 귀족들이 독점하며 지배하던 정치에 자신들도 참여하겠다는 결심을 굳혀 가고 그 생각을 다른 사람들에게 알려 가는 데 신문이 적극 활용됩니다.

그러니까 처음부터 신문이라는 첫 매스미디어는 민주주의와 직접적 관련이 있었습니다. 신문이라는 미디어가 등장하면서 비로소 왕과 귀족이 아닌 사람들도 정치적 의견을 내놓고 토론할 수 있었기 때문입니다. 왕과 귀족이 독점하고 있던 정치 체제에 민중이 자신의 생각을 표현하고 참여하는 과정에서 미디어는 결정적 구실을 하지요.

민주주의를 열어 가는 과정에서 탄생한 미디어는 그 뒤 민주주의의 전개 과정에 깊숙이 영향을 끼칩니다. 왕권이 종식되고 선거로 국민의 대표를 뽑는 민주주의 정치 체제가 들어선 뒤에도 미디어는 권력을 감시하고 비판하는 아주 중요한 일을 맡았지요. 실제로 어떤 권력도 더는 여론을 무시할 수 없게 되었습니다.

　신문이 역사적으로 탄생한 과정 못지않게 커 나가는 길도 민주주의가 성숙해 가는 과정과 맞물려 있다는 사실을 알아보았는데요. 좀 더 자세하게 500년 전에 태어난 신문이 성장해 온 모습을 살펴볼까요.

　신문이 지금처럼 날마다 발행되는 일간지로 탄생한 것은 1660년입니다. 독일의 〈라이프치거 차이퉁Leipziger Zeitung〉이 그 주인공이지요. 영국에선 1702년 〈데일리 쿠란트Daily Courant〉, 프랑스에서는 1777년 〈주르날 드 파리Journal de Paris〉가 탄생했습니다.

　신문이 처음 태어날 때 왕과 귀족들의 반응은 어땠을까요? 탄생을 축하해 주지 않았지요. 그들 쪽에 서서 잠시 생각해 보면 이해 못 할 일도 아닙니다. 중세 시대 내내 누구의 감시도 없이 정치를 해 왔는데 신문이 자신들의 언행을 일일이 보도하기 시작하니까 불편할 수밖에 없었겠지요. 그래서 그들은 신문 발행을 허가하거나 불허하는 권한을 자신들이 갖고 있다고 선언했으며 그것도 모자라 신문에 실리는 내용까지 엄격하게 검열했습니다.

　하지만 권력의 언론 통제를 모든 사람이 고분고분 받아들이리라고 판단했다면 착각이었지요. 권력에 맞서 언론의 자유를 확보하기 위해 긴 시간 동안 수많은 사람들이 싸웠습니다. 그래서 유럽에선 19세기 후반에 이르러 발행 허가제와 검열제도가 사라졌어요. 그냥 없어진 게 아니라 언론 자유를 위해 싸워 온 사람들이 있었기에 가능했다는 사실을 기억해 둘 필요가 있습니다.

20세기에 들어서면서 신문은 발달된 인쇄술과 교통망을 통해 더 빠른 속도로 퍼져 갔습니다. 그만큼 사회적 영향력도 커져 갔지요. 물론, 그 과정에 시련이 없었던 것은 아닙니다. 위기의 순간도 있었지요. 다음 장에서 자세히 살펴보겠지만 텔레비전이 등장하던 1950년대에, 미국의 저명한 사회 과학자는 신문은 금세기 안에 박물관으로 갈 것이라고 장담했습니다.

하지만 아니었지요. 인쇄 매체인 신문이 여론을 모으고 그것을 바탕으로 사회를 끌어가는 힘은 더 커져 갔습니다. 다양한 의견들을 논리적으로 제시하는 데 신문은 텔레비전보다 훨씬 더 효과적이었지요.

더구나 신문사에는 권력을 감시하고 견제하는 역사적 소명에 충실하려는 기자들이 많이 들어갑니다. 그들은 자신이 몸담고 있는 신문사의 지면을 통해 권력의 잘잘못을 용기 있게 지적해 왔습니다. 예를 들어 1972년 미국 신문 〈워싱턴 포스트〉는 현직 대통령 닉슨이 선거 과정에서 저지른 비리를 용감하게 파헤쳐서 대통령을 물러나게 했습니다. '워디게이트' 사건으로 불리지요. 물러나기 전까지 닉슨은 언론사를 협박하고 회유도 했지만 끝내 신문의 힘

앞에 무릎 꿇을 수밖에 없었습니다. 흔히 신문기자들을 '무관의 제왕'으로 부르는 이유이기도 합니다.

신문은 세상을 만나는 '창'

지금까지 살펴보았듯이 신문은 정치권력을 감시하고 보통 사람들의 생각을 권력에 전달하는 미디어로 튼튼하게 커 왔습니다. 따라서 신문이 500살이라고 해서 늙은 미디어, 또는 낡은 미디어라고 생각한다면 큰 잘못이겠지요. 어떤 나라, 어느 사회든 권력이 있는 한 그것을 감시하고 견제하는 누군가는 필요하기 때문입니다.

더구나 신문은 날마다 새롭게 태어납니다. 500살이 되었지만 지금 이 순간도 '신생아'라고 할 수 있지요. 매일 아침에 새롭게 태어나고 있으니까요.

한국이 낳은 첼리스트 장한나는 신문에 기고한 글에서 "나와 같이 이 지구에서 사는 이웃은 무슨 생각을 하며 어떤 행동을 하며 사는지, 신문을 읽음으로써 그들의 이야기가 곧 내 이야기가 된다"며 신문은 매일 새롭게 인류가 쓰는 일기라고 규정했습니다.

유명한 대중 연예인 김제동도 신문 읽기를 좋아합니다. 한국신문협회로부터 '올해의 신문 읽기 스타'로 선정됐었는데요. 김제동은 아침에 문을 열고 신문을 집어 들면 "미국 대통령이나 한국 대통령, 평생 만나기 힘든 아프가니스탄의 어느 소녀와 석학들까지 나를 찾아와 세상을 말해 준다"며 세상을 만나는 '창'으로서 신문의 효용성을 강조했습니다. 김제동은 조선 시대 선비 최한기의 말도 인용했지요.

최한기는 책을 많이 사서 가산을 탕진하면서도 "책장 문을 열면 공자와 맹자, 서역의 학자들을 볼 수 있는데 책을 사지 않고 이들을 직접 만나러 다니려면 얼마나 돈이 많이 들겠느냐"고 했습니다. 김제동은 신문도 마찬가지라고 말했지요.

말 잘하는 연예인인 김제동은 학교 성적은 좋지 않았나 봅니다. 전문 대학을 11년 동안 다녀 어머니가 '의대 다니냐'며 핀잔을 줄 정도로 공부를 안 했다고 솔직히 털어놓은 김제동은 "그럼에도 방송에서 이나마 말을 할 수 있는 이유가 바로 매일 아침 신문을 챙겨 읽었기 때문"이라고 강조했습니다.

눈을 밖으로 돌려도 마찬가지입니다. 미래학자로 한국에도 몇 차례 온 앨빈 토플러는 서울에서 열린 우리 청소년들과의 만남에서 자신은 아침마다 신문을 읽느라 손끝이 까맣게 된다며 신문과 책을 보고, 다양한 경험을 하라고 당부했습니다.

세계적 갑부인 워런 버핏 회장 일화도 흥미롭습니다. 버핏이 자신의 회사인 버크셔 해서웨이 주총에서 '주주들과의 대화' 중에 필라델피아에서 온 중학교 1학년 학생으로부터 질문을 받았습니다.

"세상에는 우리가 꼭 알아야 할 것이 많지만 학교에서 다 가르쳐 주지는 않는다고 생각해요. 어떤 것을 읽어야 할까요?"

그러자 버핏은 서슴없이 "일간 신문을 읽으면 세계가 어떻게 돌아가는지 이해하는 데 도움이 됩니다. 어느 시점에 스포츠든 경제 뉴스든 관심 가는 분야가 생기게 마련이고, 더 많이 알수록 더 배우기를 원하게 될 것입니다"라고 대답했지요.

자, 여기서 우리가 조금 더 깊이 생각해 볼 게 있습니다. 장한나와 김제동이 이야기한 대로, 토플러와 버핏이 주장했듯이 과연 신문은 그렇게 훌륭한 것일까요? 신문은 인류의 일기장이고 아침 밥상이고 미래를 준비하고 세계가 어떻게 돌아가는지 이해할 수 있는 미디어일까요? 생각해 보면 틀린 말은 아니지요. 신문을 읽으며 세상을 바라보는 방법을 익히는 사람들이 많으니까요.

더러는 청소년들 사이에서 신문을 읽는 사람들은 이미 없다며 신문의 영향력을 과소평가합니다. 물론, 그 말 또한 전혀 틀린 주장은 아니지요. 10대 가운데 신문을 꼬박꼬박 읽는 청소년은 찾아보기 힘든 게 사실이니까요.

하지만 그렇다고 신문이 청소년들의 삶에 영향을 끼치지 않는다고 생각해도 좋은 것은 아닙니다. 아니, 옳지 않습니다. 어린 시절부터 우리에게 살아가는 걸 가르쳐 주고 있는 부모님이나 학교 선생님이 세상에 대해 아는 것은 대부분 신문이라는 창문을 통해서이기 때문입니다.

더구나 한 나라의 정부나 주요 기관을 움직여 가는 사람들은 신문 읽기를 게을리하지 않습니다. 여론을 의식하지 않을 수 없으니까요. 흔히 신문 독자들을 '여론 주도층'이라고 하는데요. 국가의 정책 방향이나 정부 방침을 결정하는 데 신문이 끼치는 힘은 클 수밖에 없습니다.

그런데 그 사람들의 결정은 곧장 청소년들의 삶에 영향을 끼칩니다. 살갗에 와닿게 구체적으로 논의해 볼까요? 예를 들어 학교 급식에 이따금 나오는 쇠고기를 미국산으로 할지 아니면 미국산은 광우병 위험이 조금이라도 있으니 배제할지를 결정하는 것은 누구일까요? 신문과 정부가 그것을 어떻게 여론화하느냐에 달려 있습니다. 교육 정책도 마찬가지이지요. 지금 다니는 학교의 편제나 교육 방침 그 모든 게 정부 당국의 정책과 국회의 입법에 의해 좌우되는데, 그 과정에서 신문은 여론을 모아 가는 구실을 합니다.

학교 선생님들 가운데 신문을 일러 "살아 있는 평생 교과서"라며 수업에서 교재로 활용하는 이유가 여기에 있습니다. 신문사들 또한 학교에서 신문을 교육하도록 적극 권장하고 있지요.

혹시 'NIE'라는 말을 들어보았나요? 'Newspaper In Education'의 약어로 '신문 활용 교육'을 뜻하지요. 신문을 교재 또는 보조 교재로 활용해 학습 효과를 높이기 위한 교육을 이릅니다. 신문 활용 교육의 자료에 따르면, 신문은 읽기, 말하기, 쓰기, 듣기 능력과 더불어 정보를 분석하고 비판할 수 있는 능력을 길러 주며 종합적이고 창의적인 사고 능력과 통합 교과적인 사고 능력을 배양하는 데 큰 도움을 주는 다면적 교육 프로그램입니다.

충청북도에서 발행되는 일간지 〈중부매일〉의 송창희 기자가 신문 기사로 소개한 '신문 활용 교육'의 논리는 정연합니다.

교과서나 참고서, 잡지나 소설 등 수많은 읽을거리들이 우리 주위에 있지
만 특별한 경우를 제외하고는 모두 한시적으로 읽는 데 그치고 맙니다. 그
러나 빠르게 변화하는 새로운 소식을 매일 전하는 신문은 평생 곁에 두고
읽을 수 있으며, 그 안에는 항상 배울 것이 있고 생각할 여지를 남겨 줍니
다. 이렇게 신문은 전 생애를 통해 지속적으로 읽게 될 '평생 학습의 교재'
입니다. (…) 신문은 사회, 경제, 정치, 스포츠, 문화 등 그 영역이 광범위하
기 때문에 관심 있는 주제를 자신이 선택할 수 있고, 주제가 정해지면 필요
한 자료를 각자가 골라서 스크랩할 수 있습니다. 따라서 신문은 스스로 과
제를 발견하고 판단하는 힘을 길러 줍니다. 또한 신문은 현재 그 사회에서
일어나고 있는 일들을 다루는 최신의 정보원이며, 자신이 속한 사회와 문
화, 사람들에 대한 이해를 깊게 합니다. (…) 신문을 통해 한 사건에 대한 다
양한 시각을 읽고 그 사건에 대한 토론을 해 봄으로써 세상을 보는 시각을
넓힐 수 있습니다. 이를 통해 내 생각을 펼치고 남의 의견을 존중하는 기회
를 배우는 민주 시민 양성의 한 교육 방법이라 할 수 있습니다.

좋은 지적이지요. 송 기자도 썼듯이 전문가들에 따르면 18세 이
전에 읽기 습관이 형성되기에 더욱 그렇습니다. 무엇을 꾸준히 읽
는 걸 습관으로 만들려면 신문을 읽는 게 도움이 된다는 말을 많이
합니다. 어릴 때부터 책을 읽지 않으면 커서도 읽지 않고, 그만큼

지적인 성숙을 할 수 없기 때문이지요.

그렇습니다. 신문 활용 교육은 필요합니다. 그런데 우리가 주의할 게 있습니다. 신문은 우리에게 세상을 보여 주는 창문임이 틀림없고, 우리에게 많은 정보를 알려 준다거나 읽기 습관을 들이는 데 도움이 된다는 말도 모두 옳습니다. 문제는 과연 그 창은 깨끗할까, 또는 투명할까에 있습니다.

신문 활용 교육에서 그 질문까지 이뤄진다면 훨씬 더 훌륭한 교육 미디어가 될 수 있겠지요. 그러려면 서로 성격이 다른 신문을 비교해서 읽는 것이 좋습니다. 만일 신문을 비판적으로 바라보는 눈까지 길러 간다면 신문 활용 교육에서 강조하는 학습 효과는 훨씬 더 높겠지요.

신문 활용 교육NIE의 학습 효과

- 자신의 운명을 스스로 결정해 이끌어 갈 수 있도록 돕습니다.

- 사회 현상의 이해를 돕습니다.

- 현대 생활에 필요한 능력을 터득시키고 학생들의 인격을 키웁니다.

- 언어 능력이 향상되고 학생들의 비평 능력 개발을 돕습니다.

- 신문을 비평적으로 읽기 위한 욕구와 능력을 향상시킵니다.

- 공공의 문제에 대한 관심을 심어 줍니다.

- 다양하고 현실적이며 비용이 적게 드는 교육 자료를 제공합니다.

- 역사적 기록과 정보를 쉽게 이해하는 데 도움을 줍니다.

- 적극적인 읽기를 통해 실용적인 단어와 문장력의 증대를 돕습니다.

- 학생들의 개인적, 사회적 교육을 뒷받침합니다.

- 학생들에게 글쓰기 기회를 제공합니다.

- 다양한 사실과 가치를 인식할 수 있게 합니다.

- 주체성을 제고시키며, 정보 처리 능력을 향상시킵니다.

출처: 〈중부매일〉 송창희 기자

기사를 작성할 때 원칙이 있나요?

기사를 실무적으로 작성할 때 염두에 두는 것으로 육하원칙이 있습니다. 기사에 반드시 들어가야 할 여섯 가지 요소를 말하는데요. 누가who, 언제when, 어디서where, 무엇what을, 어떻게how, 왜why 했는지가 담겨야 합니다.

기자 시험에 합격해 수습기자가 되면 경찰서로 출근하며 사건 기사부터 쓰기 시작하는데요. 어떤 사건을 만나든 6개 요소를 취재해서 기사를 구성해야 합니다. 영문자 앞을 따서 5W1H 원칙이라 부르기도 하지요. 그 원칙에 따라 가장 중요한 사실부터 간결한 문장으로 써 내려갑니다.

흔히 두괄식이라고 하는데요. 기사를 작성할 때 중요한 것부터 쓰는 이유는 뭘까요? 짐작했겠지만 뉴스는 가장 중요한 소식을 최대한 빨리 알려야 하기 때문이지요. 또 여러 가지 기사들을 신문 지면에 빈칸 없이 채우려면 기사 끝부분은 언제든지 잘릴 수 있다는 판단으로 써야 합니다.

인터넷이 발달하고 언론사 사이에 경쟁이 심해지면서 기사를 작성할 때 형식적 원칙을 고집하지 말고 이야기를 전하는 방식(스토리텔링)으로 쓰자는 흐름도 나타나고 있습니다. 하지만 기사를 이야기체로 쓰든 육하원칙으로 쓰든 가장 중요한 원칙을 벗어나서는 안 됩니다.

무엇일까요? 사실 보도입니다. 기자는 취재가 부족해 사실이 확인되지 않는다면 추측을 보도하거나 풍문을 전할 수 없습니다. 사실이 아닌 기사는 기사가 아니라고 보아야 합니다. 이야기체로 기사를 쓸 때도 사실이 아닌 걸 조금이라도 덧붙일 수 없습니다. 만일 기사에 허구(픽션)가 들어가면, 독자는 앞으로 그 기사를, 더 나아가 그 언론사를 신뢰하지 않겠지요.

신문마다 왜 중요한 기사가 다른가요?

사건이 일어나는 현장에서 기자가 취재해서 기사를 작성하면 그것이 그대로 독자에게 전달될 수 있을까요? 물리적으로 불가능하겠지요. 무엇보다 신문 지면이 한정되어 있으니까요. 신문 지면을 아무리 두껍게 만들어도 그날 일어난 모든 사건을 다 담을 수는 없습니다.

많은 사건과 사고 현장에 나간 기자들이 저마다 신문사 편집국으로 보내는 수많은 기사들 가운데 먼저 어떤 기사들을 신문에 담을 것인지 선택하고 결정해야 합니다. 선택된 기사들도 그냥 지면에 담을 수는 없지요. 신문 지면에 기사들을 일렬로 나열하면, 그걸 누가 읽겠어요. 신문은 지면에 담기로 선택된 기사들 가운데 어떤 것을 중요하게 부각해 편집할 것인지를 다시 선택해야 합니다.

지면마다 맨 위에 큼직한 제목으로 올라가는 기사를 머리기사라고 하는데요. 그중에서도 가장 중요한 기사가 그날 신문의 1면 머리가 되겠지요. 자신이 취재해서 쓴 기사가 1면 머리로 올라갈 때는 기자로서 가슴 뿌듯하지요.

그럼 누가 그 선택을 하고 결정을 할까요? 각 지면의 머리기사는 그 지면에 기사를 내보내는 각 부서장들이 합니다.

예를 들어 정치면은 정치부장, 경제면은 경제부장, 사회면은 사회부장, 국제면은 국제부장이 하겠지요. 각 부장들이 모여서 편집국 회의를 통해 그 가운데 가장 중요한 기사를 1면 머리에 올리는 결정을 하지요. 신문사마다 그 선택의 기준이 다르기 때문에 1면 머리기사가 다르게 편집됩니다.

물론, 모든 신문이 저마다 다르지는 않습니다. 대체로 〈조선일보〉, 〈동아일보〉, 〈중앙일보〉의 편집 방향이 비슷하고 〈경향신문〉과 〈한겨레〉는 그들과 대비되는 편집 방향을 보이고 있습니다. 서로 비교하며 볼 필요가 있겠지요.

4장

신문은 진실만 말할까요?

눈을 돌려 구체적으로 신문의 모습을 살펴볼까요. 유럽에서 신문이 태어나던 1500년대에 한국은 조선 왕조 시대였습니다. 물론, 당시 유럽도 왕들의 시대였지요. 하지만 조선은 유학을 국가 이념으로 거의 완벽하달 만큼 중앙 집권 체제를 운영하고 있었습니다. 중앙에서 과거제도로 선발한 선비가 전국 곳곳의 관리로 임명되었지요. 사농공상이라는 말에서 볼 수 있듯이 선비에 이어 농민을 중요시했고 공인과 상인은 천하게 여겼습니다. 상인과 공인들이 커 나갈 수 있는 틈이 없었어요. 그래서 금속 활자를 세계에서 가장 먼저 발명하고도 그 선진 인쇄술로 사회적 의미가 있는 무엇인가를 만들어 낼 수 없었습니다.

진실은 언론의 생명이다

한국에서 신문이 등장한 것은 1876년 개항 이후입니다. 1883년 〈한성순보〉가 매스미디어로서 첫선을 보였으니 유럽과 견주면 300년 정도의 시차가 있는 셈이지요.

하지만 그렇다고 해서 조선에서 매스미디어와 관련된 움직임이 전혀 없었던 것은 아닙니다. 아니, 오히려 유럽보다 앞서서 선구적 사상가들이 언론의 중요성을 강조했지요.

이를테면 조선 왕조를 설계한 정도전(1342~1398)은 1390년대에 이미 왕이 지녀야 할 첫째 덕목을 제시하며 '작개언로作開言路'라는 말을 쓰고 있습니다. 언로, 곧 말하고 글 쓰는 표현의 자유를 모두 보장해야 한다는 주장이지요. 그래서 왕이 언관(言官, 임금에게 간언하는 일을 맡은 관원)의 말을 늘 경청해야 한다고 강조했습니다. 언로와 언관을 중시한 정도전의 주장은 그가 이성계(태조)의 다섯째 아들로 왕의 자리를 노린 이방원(1367~1422, 태종)의 기습으로 비극적 최후를 맞으면서 힘을 잃었지만, 더 나은 세상을 꿈꾸는 선비들은 왕조 치하에서 언제나 언로를 옹호해 왔습니다.

유럽에서 상공인들이 중심이 되어 신문의 초기적 형태가 나오던 1500년대에 조선엔 가슴에 개혁의 큰 뜻을 품고 기개가 넘쳐 나던 '언론인'이 있었지요. 조광조(1482~1519)입니다. 그는 하위직 언관의 신분으로서 언로의 중요싱을 왕(중종)에게 다음과 같이 호소합니다.

"언로가 통하고 막히는 것은 국가에 가장 관계되는 것이니, 통하면 다스려지고 평안하며, 막히면 어지러워지고 망하게 됩니다(言路之通塞 最關於國家 通則治安 塞則亂亡-언로지통색 최관어국가 통즉치안 색즉난망)".

조광조는 이어 왕에게 "모름지기 언로를 넓히는 데 힘써 공경백사로부터 시정 백성에 이르기까지 그들로 하여금 각기 자기의 말을 할 수 있도록 하라"고 요청했습니다. 하지만 알다시피 조광조 또한 개혁에 반대하는 세력의 모함으로 37살의 아까운 나이에 유배지에서 사약을 받고 죽었습니다.

그 뒤 율곡 이이(1536~1584)는 "언로가 열리고 닫히는 데 국가의 흥망이 달려 있다"며 나라의 원기가 공론이라고 강조했습니다. 조광조를 흠모했던 이이는 "공론이 조정에 있으면 나라가 다스려지나, 만약 위아래 모두 공론이 없다면 나라는 망하고 만다"고 경고했지요. 조선 왕조가 세종대왕 시절의 전성기도 있었지만 결국 쇠약해 가고 마침내 일본 제국주의의 식민지로 전락한 이유는 '언로가 통하면 다스려지고 평안하며, 막히면 어지러워지고 망하게 된다'는 조광조의 가르침이나 나라의 흥망을 언로와 연관시킨 이율곡의 경고로 설명할 수 있습니다. 언로가 막히면서 조선 시대 사람들 대다수가 마땅히 알아야 할 진실을 알 수 없었고, 그만큼 역사 발전은 지체될 수밖에 없었지요. 조선이 결국 일본의 식민지가 된 이유이기도 합니다.

언로가 막힘으로써 세상이 어떻게 돌아가는지 몰랐던 것이지요. 권력을 쥐고 있던 지배 세력 자신도 언로를 막아 놓았기 때문에 세계가 어떻게 변화하고 있는지 전혀 모르는 '우물 안 개구리'가 되었지요.

우리가 보고 있듯이 근대 이후의 사회는 아주 빠르게 변화해 가고 있습니다. 20세기 들어서선 더욱 그렇고, 21세기엔 '빛의 속도'로 변하고 있다는 말까지 나오고 있지요. 바로 그렇기에 언론이 맡고 있는 시대적 과제는 더 커져 가고 있습니다.

학자들마다 차이가 있지만 한 사회에서 언론의 사명은 간단하게 '상황의 감시'와 '상황의 해석'으로 설명할 수 있습니다.

조금 풀어서 말하면, 일차적으로 언론의 사명은 지금 우리의 생활 속에 어떤 새로운 변화가 일어나고 있는가를 사람들에게 알리는 데 있습니다. 어느 곳에 전염병이 퍼져 가면 그것을 바로 알려야 확산을 막을 수 있겠지요. 가령 A급 가축 전염병인 구제역이 어느 지역에서 발생하면 언론은 곧장 그 사실을 대대적으로 알려야 옳습니다. 발생 초기에 막지 못한 구제역이 2010년 겨울에 전국으로 퍼짐으로써 결국 농민들이 친자식처럼 길러 오던 소와 돼지를 수백만 마리나 생매장할 수밖에 없었지요. 발생 초기의 소극적 언론 보도와 이명박 정부의 허술한 대응이 불러온 참극입니다.

둘째, 언론의 사명은 새로운 변화가 일어날 때 그것이 무엇을 의미하는지 해석하고 그것을 사람들에게 알리는 데 있습니다. 2008

년 9월 미국의 대표적 금융 기관들이 줄을 이어 파산했을 때 그것은 새로운 변화임이 틀림없었습니다. 하지만 구제역과 달리 그 변화가 무엇을 불러올지에 대해서 시민들은 자세히 알지 못했습니다.

이를 분석해서 쉽게 알려 주고 미래를 전망했다면 지구촌 경제가 하나로 연결된 시대를 살아가는 데 큰 도움이 되었겠지요. 이처럼 '상황의 해석'은 언론의 사명입니다.

상황의 감시와 해석이라는 언론의 사명을 온전히 수행하기 위해 언론이 가장 중시해야 할 덕목은 무엇일까요?

진실입니다. 언론의 기본이자 생명이지요. 진실을 보도하지 않을 때 사람들은 무슨 변화가 일어나고 있는지 모를 수밖에 없거든요. 무슨 일이 일어났는지조차 모를 때, 그 일이 우리 삶에 어떤 의미가 있는지를 파악하는 것은 더더욱 힘듭니다.

바로 그런 이유로 모든 신문사는 자신들이 진실을 보도한다고 자부합니다. 그렇게 자신들을 홍보하기도 합니다. 실제로 여러 신문사의 기자들은 지금 이 순간도 독자들에게 들려줄 진실을 찾기 위해 발로 뛰며 취재하고 있습니다. 기자들 또한 스스로 진실을 중시하기에 기사를 쓸 때 사실을 꼼꼼하게 확인하는 작업을 거칩니다.

진실은 언론학자들 사이에서도 '거의 완전에 가까운 합의'가 이뤄진 가치이지요. "진실은 언론과 커뮤니케이션 활동에서 가장 으뜸가는 표어"라고 미국의 언론학계는 아무런 머뭇거림 없이 단언합니다.

한 편의 신문 기사에 담긴 불편한 진실

문제는 모든 언론이 진실을 보도한다고 선언한다고 해서 실제로 진실이 보도되는 것이 아니라는 데 있습니다. 기자들이 노력한다고 반드시 진실을 담을 수 있는 것도 아니지요. 조금만 신문을 들여다보아도 진실을 보도하는 일이 얼마나 어려운가를 짐작할 수 있지요. 현실에서 일어난 모든 사건이 뉴스가 될 수는 없잖습니까? 신문 지면을 아무리 늘려서 100면, 1000면이 되어도 지구촌은 물론 한국 사회에서 일어난 모든 일을 담을 수는 없는 일이지요.

따라서 신문에 실리는 것은 일어난 일 가운데 아주 일부라는 사실을 주목할 필요가 있습니다. 일어난 일 가운데 일부만 취재되고, 그렇게 취재된 기사도 편집 과정을 거칠 수밖에 없습니다. 그러니까 신문을 받아 본 독자 앞에 놓인 신문 지면은 선택의 과정을 거친 결과물이 되는 것이지요.

어떤 사실을 취재하고 편집하고 인쇄할 것인지 모두 선택해야 합니다. 문제는 그 과정에서 진실이 훼손될 가능성이 높다는 것이지요. 물론, 모든 기사가 사실과 다르다고 판단하는 것은 옳지 못합니다. 대부분의 기자들은 진실을 캐내기 위해 노력하고 있으니까요.

다만 선택의 과정을 거치면서 진실과 거리가 멀어질 수도 있다는 것은 염두에 둘 필요가 있습니다. 자칫 진실과 정반대로 현실을 알게 될 가능성도 있으니까요. 그래서 미디어를 바로 보는 게 중요한 이유입니다. 구체적으로 보기를 들어 설명하면 더 확실하게 이해할 수 있습니다.

자, 아무런 선입견 없이 한 조간신문에 실린 다음 기사를 꼼꼼하게 읽어 보세요.

제너럴모터스^{GM}, 월트디즈니, 인텔 같은 굴지의 **미국 대기업들은 수시로 구조조정 차원에서 감원과 해고를 단행한다. 하지만 퇴직자들이 이에 반대하는 시위를 벌여 해당 업체가 몸살을 앓거나 미국 경제가 흔들린다는 얘기는 거의 들리지 않는다.**

한국개발연구원KDI 유경준 박사는 "정리해고를 포함해 미국 노동 시장이 세계 어느 나라보다 유연한 데다 실업 복지 정책이 잘 구비된 덕분"이라며 "특히 1980년대 이후 정부가 불법 시위나 파업에 대해 엄격하게 법 집행을 한 측면이 크다"고 말했다.

실제 미국에는 14만여 개의 크고 작은 이익 단체들이 활동 중이지만, '과격·폭력 시위'라는 표현은 '사문화^{死文化}'된 단어나 마찬가지이다. 기업이나 노동조합이 TV·신문·광고나 피켓 가두시위·로비 등 법이 허용하는 범위에서 자신의 요구나 이익을 평화적 방식으로 표출하는 분위기가 정착돼 있기 때문이다. 제프리 존스 주한미국상의^{AMCHAM} 명예 회장은 "미국 내 최대

노조 단체인 산별노조 총연맹AFL-CIO조차 대對 의회 로비 강화를 위해 지난 97년부터 매년 네 차례 연방 의회에 노조원들을 인턴으로 파견하고 있을 정도"라고 말했다.

다른 선진국들도 노동조합 등 이익 집단의 요구나 시위에 대해 정부는 중립을 지키며 법에 따라 엄격 대응한다는 공통점을 갖고 있다. 단적으로 지난 79년 겨울 영국 탄광 노조의 파업 돌입으로 런던 시내에 전력 공급 중단 사태가 빚어지자, 영국 정부는 노조 측에 유리한 '완전 고용주의'를 포기하고 엄정한 법치주의로 선회했다. 여기에다 대처 정부의 노조 민주화 노력 등이 가세해 **최근 20여 년 동안 영국에서 불법·과격 시위는 사실상 자취를 감췄다.**

김대일金大逸 서울대 경제학부 교수는 "국내에 최근 화물연대나 전교조 등의 각종 시위가 분출하는 것은 정부가 어떤 식으로든 이들의 요구를 들어주기 때문"이라며 "선진국 경험으로 볼 때 정부가 중립적 입장을 견지하고 확고하게 법치주의를 실천하는 게 유일한 특효약"이라고 말했다.

다 읽으셨나요. 이 기사는 한국에서 발행 부수가 가장 많다고 자부하는 〈조선일보〉에 크게 편집된 기사(2003년 5월 23일자 4면)입니다. "나라가 흔들린다"라는 특집 기획의 마지막 네 번째 기사였는데요. "미 이익 단체 14만 개, 과격·폭력 시위 없어"라는 제목이 달려 있습니다.

이 기사를 읽어 보면 미국에선 갈등이 크게 불거지지 않고 또 법

집행을 아주 엄격히 한다고 생각할 수밖에 없습니다. 반면에 한국은 화물연대나 전교조 같은 '이익 단체'들이 과격·폭력 시위를 한다고 판단하겠지요.

그런데 이 기사는 과연 얼마나 진실일까요? 언론을 바로 세우려는 사람들이 모여 만든 '민주언론 시민연합'에서 확인해 본 결과는 놀랍습니다. 기사가 얼마나 진실과 다른지 하나하나 살펴봅시다.

먼저 기사 앞부분 "미국 대기업들은 수시로 구조조정 차원에서 감원과 해고를 단행한다. 하지만 퇴직자들이 이에 반대하는 시위를 벌여 해당 업체가 몸살을 앓거나 미국 경제가 흔들린다는 얘기는 거의 들리지 않는다"는 대목입니다.

정말 그럴까요? 아닙니다. 기사와 달리 대기업에서 인원을 줄이고 대량으로 해고하는 일은 어느 나라에서나 갈등을 불러일으키고 미국도 예외는 아닙니다. 예를 들어 〈조선일보〉가 그 기사를 내보냈을 때와 비슷한 시점의 〈경향신문〉 기사(2002년 10월 4일자)를 볼까요.

〈뉴욕 타임스〉 2일자는 이번 노사 간 대립(서부 항만노조의 파업)의 핵심은 사용자 측이 신속한 화물 관리를 위해 스캐너나 인공위성 등의 신기술 도입을 추진하면서 수백 개의 사무직 일자리를 비노조 회사로 넘기려는 데 따른 갈등이라고 전했다. (…) 항만 폐쇄로 수입품을 가득 실은 선박 수백 척이 연안에 대기 중이며 항만 밖에서는 수출품을 실은 수백 대의 트럭이 장

사진을 이루고 있다. 지난해 3200억 달러어치의 수출입 화물이 통관된 로스앤젤레스와 롱비치 등 서부 주요 항구의 폐쇄에 따른 경제적 손실이 5일간 지속될 경우 총 50억 달러, 10일간 이어질 땐 총 200억 달러를 넘어설 것으로 전문가들은 추산하고 있다.

어떤가요? 〈조선일보〉 기사와 전혀 다른 상황이지요. 반증할 수 있는 사건은 비단 한두 건이 아닙니다. 〈세계일보〉 기사(2002년 8월 23일자)도 있습니다.

미국에 대량 해고 바람이 불면서 노사 분규가 확산될 조짐을 보이고 있다. 미국 경기의 회복세 둔화로 항공업계, 공공부문 등에서 대대적인 인력 감축이 진행됨에 따라 일반 직장은 물론 항공사, 항만, 호텔 등으로 노사갈등이 번져가고 있다. 미국 일간지 〈크리스천 사이언스 모니터〉는 미국이 노사 분규의 새 시대로 접어들고 있으며 이는 경기 회복을 늦추는 요인이 될 수 있다고 22일 보도했다.

여기서 자연스럽게 의문이 들지요? 진실이 그러한 데 왜 〈조선일보〉 기자는 미국에선 큰 갈등이 없는 것처럼 기사를 썼을까요?

시위가 경제를 망친다는 거짓말

진실을 왜곡한 것은 거기서 그치지 않습니다. 보기로 든 〈조선일보〉 기사를 마저 짚어 보지요. 기사는 "실제 미국에는 14만여 개의 크고 작은 이익 단체들이 활동 중이지만, '과격·폭력 시위'라는 표현은 사문화死文化된 단어나 마찬가지이다. 기업이나 노동조합이 TV·신문 광고나 피켓 가두시위, 로비 등 법이 허용하는 범위에서 자신의 요구나 이익을 평화적 방식으로 표출하는 분위기가 정착돼 있기 때문"이라고 썼습니다. 그런데 바로 그 〈조선일보〉가 그 기사와 전혀 다른 기사를 내보낸 적이 있습니다.

> 뉴라운드 출범을 위한 세계무역기구WTO 각료 회의가 개막된 미국 시애틀은 30일(현지 시각) 무법천지였다. 은행 문이 뜯기고 보석상 진열장이 깨졌으며, 나이키, 스타벅스, 맥도날드 등 미국의 유명 상표를 붙인 상점들이 시위대에 의해 부서졌다. (…) 이날 가장 적극적으로 사태를 주도한 단체는 미국노동총연맹–산별産別회의AFL-CIO. 이들은 "WTO가 미국의 일자리를 수출한다"며 반反WTO 구호를 외쳤다. 뉴라운드 협상에서 노동 기준을 다루지 않으면 개도국의 값싼 노동 때문에 미국 내 기업들이 외국으로 빠져나가고 자신들의 일자리가 없어진다는 것이다. (1999년 12월 2일자)

자신이 쓴 신문 기사 내용과 완전히 어긋나는 기사를 서슴지 않고 쓴 셈이지요. 어처구니없는 일이지만 실제 신문사에서 벌어지고 있는 현실입니다.

앞에서 보기로 든 문제의 기사는 이어 선진국들은 "노동조합 등

이익 집단의 요구나 시위에 대해 정부는 중립을 지키며 법에 따라 엄격 대응한다는 공통점을 갖고 있다"고 썼습니다.

이 기사의 문제점은 한국의 노동 관계법과 선진국의 노동 관계법에 차이가 크다는 사실을 무시한 데 있습니다. 한국의 노동 관계법은 노동자들의 권리 보장 측면에서 선진국의 수준에 이르지 못하고 있지요. 따라서 정부가 법에 따라 엄정하게 대응한다는 것의 의미가 선진국과 다를 수밖에 없습니다.

진실을 왜곡한 대목은 또 있습니다. 문제의 기사는 "최근 20여 년 동안 영국에서 불법·과격 시위는 사실상 자취를 감췄다"고 썼습니다. 하지만 그 기사가 쓰인 시점에서 바로 석 달 전에 〈한겨레〉는 영국의 수도 런던에서 일어난 시위를 다음과 같이 보도했습니다.

지난달 11일 찾아간, 폭설로 꽁꽁 언 런던 거리에서 볼 수 있었던 것은 석 달째 계속 중인 소방관노조[FBU]의 파업 행렬이었다. 2002년 11월 5만여 명의 소방관들은 임금 인상을 요구하며 파업을 시작했고, 교사 6만여 명이 가세해 런던과 근교 2000여 개 학교가 휴학 사태를 빚었다. 런던 시내 32개 구 구청 직원 수천 명도 임금 인상을 요구하며 파업을 했다. (2003년 2월 11일자)

어때요? 한 편의 짧은 기사에서 얼마나 많은 진실 왜곡이 벌어질 수 있는지 생생하게 확인할 수 있었지요. 신문에 실린 기사를 무조건 진실로 믿는 것이 얼마나 위험한가를 또렷하게 보여 주는 사례입니다.

그렇다면 〈조선일보〉는 2003년 5월 23일 왜 그런 보도를 했을까요? 이 신문이 "나라가 흔들린다"라는 특집 기획 기사를 내보내던 시점은 노무현 정부가 들어선 직후입니다. 2003년 2월에 취임한 노무현 대통령은 후보 시절에 노동조합을 옹호하는 발언을 적잖게 했습니다. 대통령에 취임한 직후에 이 신문은 정부가 노동조합을 통제하지 못한다고 대대적으로 비판하고 나서면서 미국 사례를 소개한 것이지요. 특집 기획 기사의 논리에 맞추다 보니 사실과 다른 억지를 무리하게 썼다고 볼 수밖에 없습니다.

조금은 어려웠을 집회 이야기를 보기로 들었는데요. 그만큼 중요하기 때문입니다. 실제로 잘 생각해 보세요. 아빠와 엄마가 직장에 나가며 일하고 있잖습니까? 그런데 그 직장에서 어느 날 갑자기 아빠와 엄마가 해고된다면 어떻겠어요?

그뿐이 아니지요. 한국 사회에서 커 가는 10대 청소년들 또한 20대에 들어선 어느 순간에는 취업을 해야지요. 취업을 해서 일터로 나가는데 그곳에서 사장이 마음대로 해고하거나 직원인 노동자들을 멋대로 대한다면 어떻게 해야 할까요?

바로 그렇기에 유럽에서는 초등학생 때부터 노사 관계에 대한 교육을 합니다. 학생들 대다수가 커서 취업을 하고 노동자로 평생을 살아가니까요. 어렸을 때부터 노동자들의 노동이 얼마나 소중한가를 일러 주고 헌법과 노동법이 보장하고 있는 권리를 가르쳐 주는 것이지요. 우리는 그런 교육을 하지 않기 때문에 노동자 하면 '불쌍한 사람'이라거나 '되고 싶지 않은 사람'으로 생각하기 십상인데요. 누가 그런 생각을 심어 주었는지 한 번쯤 깊이 생각해 볼 문제입니다.

그런데 앞서 예로 든 문제의 기사 때문일까요? 대통령에 취임하기 전에 노사 관계에 힘의 균형을 이루겠다고 한 노무현 대통령은 점점 집회와 시위에 강경 대응으로 돌아섰습니다. 노동조합에 대해서도 호의적이지 않았지요. 사실과 전혀 달리 보도한 신문의 논조를 의식했든 아니든 따라갔다고 볼 수밖에 없습니다.

미국의 엄정한 법 집행을 강조하는 〈조선일보〉는 심지어 경찰이 그어 놓은 선(폴리스 라인)을 집회 참가자들이 넘어설 때 발포해도 문제가 없다는 보도를 했습니다.

사전 집회 신고가 필요 없는 미국의 경우 대통령이 머무르는 백악관 앞에서도 누구나 시위를 할 수 있지만, 공공기물을 밀거나 훼손하는 순간, 경찰에 의해 곧바로 체포된다. 특히 일정한 선을 넘어서는 순간 발포로까지 이어질 만큼 엄격하다. 선우종원 변호사는 "경찰이 과잉 진압을 해서도 안 되지만, 사소한 위반이라도 정해진 법에 따리 엄격하게 처리하는 모습을 보여야 할 것"이라고 말했다. (2001년 4월 3일자)

그런데 2011년 9월부터 몇 달 동안 지속된 미국의 심장부인 월스트리트를 점령하라는 시위대를 보십시오. 전체 국민의 1퍼센트인 부자는 점점 부자가 되고 99퍼센트는 점점 가난해진다고 외치면서 집회와 시위를 벌이며 뉴욕의 도심 한복판을 몇 달 때 점거하고 있는 시민들의 모습은 〈조선일보〉의 보도가 얼마나 잘못되어 있는가를 웅변으로 보여 줍니다.

진실을 기억해야 하는 이유

문제의 기사는 그래도 외국 사례를 소개한 것이기에 국내 독자들에게 곧장 직접적인 피해를 준 것은 아닙니다. 하지만 한국에서 살아가는 사람들에게 씻을 수 없는 고통을 준 기사도 있습니다. 다음 기사 또한 선입견 없이 찬찬히 읽어 보세요.

지난달 31일 오전 11시경 인천 부평구 갈산동 콜트악기㈜ 부평 공장. 회사 정문에는 경영진을 비난하는 현수막과 대자보가 어지럽게 널려 있었다.

회사에 들어가 보니 정리해고자들이 농성하는 천막이 설치됐고, 공장 곳곳에 경영진에 대한 욕설과 투쟁 구호가 스프레이로 적혀 있었다. 이한수 생산부장은 "노조의 강경 투쟁 때문에 직원 120여 명이 평생 직장을 잃고 모두 거리로 나앉게 됐다"며 씁쓸해했다.

콜트악기는 전기 기타와 통기타 매출 부문(1500억 원·지난해 말 기준)에서 세계 1위를 달리던 기업이다. 국내 첫 피아노와 기타 생산 업체인 수도피아

인천 두 기업 엇갈린 운명

동국제강 '성과급 잔치'　　　　　　　　　　콜트악기 '폐업 찬바람'

인천 동구 송현동 동국제강 인천제강소 제강공장에서 근무하는 제강팀 직원들이 지난달 31일 전기로 앞에서 환하게 웃으며 파이팅을 외치고 있다. 인천=변영욱 기자 cut@donga.com

이달 31일 문을 닫는 인천 부평구 갈산동 콜트악기 부평공장의 들바닷스러인 모습. 건물 외벽에 노조가 스프레이로 부평공장을 하겠다는 현수막을 걸어놓았다. 인천=변영욱 기자 cut@donga.com　▶donga.A.com의 동영상

14년 무파업 '선물'

1994년 매출 9058억 → 2008년 5조 예상 초고속 성장

7년 파업의 '눈물'

전기·통기타 매출 세계1위 흔들… 부평공장 문닫기로

〈동아일보〉 2008년 8월 2일자 11면

노사를 운영하던 부친에게 경영 수업을 받은 박영호(62) 사장이 1973년 설립했다. 부평 공장을 포함해 인도네시아와 중국에도 현지 공장을 세워 '콜트'라는 브랜드와 주문자 상표 부착 생산OEM 방식으로 전 세계에 기타를 공급하는 수출 업체로 키웠다.

그러나 콜트악기의 모기업인 부평 공장은 이달 31일 문을 닫는다. 노조의 장기 파업에 따른 경영 압박과 적자가 누적돼 더는 회사를 경영하기 힘들게 된 것. 노조는 2002년 금속노조연맹에 가입한 뒤 매년 임금 인상, 노조 활동 시간 연장 등을 요구하며 잦은 파업을 했다. 박 사장은 노조가 44일 간이나 파업을 벌인 2005년 8월 사실상 공장에 대한 미련을 접었다.

세계적인 전기 기타 업체이자 최대 바이어인 미국 팬더사 관계자가 공장을 방문하기로 해 파업하던 노조에 "하루만이라도 좋은 모습을 보여 달라" 고 애원했으나 노조는 이를 묵살했다. 일부 노조원은 그에게 욕설과 함께 승용차에 침을 뱉는 등 모욕을 줬다.

노조의 파업으로 생산성이 떨어져 수출 납기를 맞추지 못하는 일이 반복되자 해외 바이어들이 고개를 돌렸다. 팬더사를 비롯한 주요 바이어들이 거래처를 다른 회사로 바꿨다. 경영은 적자로 돌아서 2006년 18억 원, 2007년 25억 원으로 적자액이 늘어났다. 2002년 이후 지난해까지 누적 적자액은 52억 원에 이른다. 결국 박 사장은 지난달 경영진 회의를 소집해 해외 공장은 놔두고 부평 공장은 폐업하기로 했다.

이 기사는 〈조선일보〉와 함께 1920년부터 발행되어 온 〈동아일보〉에 2008년 8월 2일자 사회면 머리기사로 실렸습니다. 그림에서 볼 수 있듯이 "7년 파업의 '눈물'/ 전기-통기타 매출 세계 1위 흔들… 부평 공장 문 닫기로"라는 큼직한 제목이 붙어 있습니다.

바로 옆에는 '14년 무파업 선물'이라는 기사가 사진과 함께 대조적으로 편집되어 있지요. 이 신문의 의도는 또렷합니다. 14년 파업을 하지 않은 동국제강 인천 제강소는 초고속 성장으로 성과급 잔치를 벌인 반면에, 전기-통기타 매출 세계 1위 기업인 콜트악기가 노동자들의 파업으로 공장 문을 닫는다는 내용이거든요.

따라서 신문을 본 독자들은 누구나 콜트악기 노동조합을 비난할 수밖에 없습니다. 그리고 절대로 파업을 해서는 안 된다고 생각하게 되지요. 특히 콜트악기가 "노조의 강경 투쟁 때문에 직원 120여 명이 평생 직장을 잃고 모두 거리로 나앉게 됐다"거나 "노조의 파업으로 생산성이 떨어져 수출 납기를 맞추지 못하는 일이 반복되자 해외 바이어들이 고개를 돌렸다"는 대목은 독자들에게 노동조합이 해도 너무했다는 인식을 심어 주기 십상입니다. 더구나 바로 옆에 소개된 같은 지역의 무파업 회사에서 노사가 축배를 나누는 사진은 노동운동에 대한 우리 사회의 왜곡된 시선을 한층 강화해 주었을 게 분명합니다. '눈물'과 '선물'로 극적인 대비 효과도 있지요.

그런데 진실은 어떨까요? 콜드악기 노동자와 가족들의 가슴을 피멍 들게 하고 노동운동에 혐오감을 마냥 부추겼을 그 기사를 내보낸 〈동아일보〉는 3년 만인 2011년 9월 19일자에 정정 보도를 실어야 했습니다.

물론, 정정 보도 한 기사의 크기는 2면 하단의 1단으로 사회면 머리기사와는 비교가 되지 않지요. 아주 작게 편집된 정정 보도에서 〈동아일부〉는 "콜트악기 부평 공장의 폐업은 노조의 파업 때문이라기보다는 사용자 측의 생산기지 해외 이전 등의 다른 사정이 있었기 때문이고, 노조의 파업은 대부분 부분 파업이어서 회사 전체의 매출에 큰 영향을 미치지 않은 사실이 밝혀졌으므로 이를 바로잡습니다"라고 간단하게 썼습니다.

왜 이 신문이 정정 보도를 냈을까요? 뒤늦게 진실을 알았을까요? 아닙니다. 콜트악기 노동자들이 〈동아일보〉 기사가 진실을 왜곡했다며 법원에 소송을 걸었고 법원에서 노동자들의 주장이 옳다는 판결을 내렸기 때문입니다. 법원은 판결문에서 "회사의 폐업을 노조의 잦은 파업 때문이라고 보도한 것은 허위로 봐야 한다"면서 정정 보도와 위자료 500만 원을 지급하라고 판결했습니다.

콜트악기 노동조합 방종운 위원장은 재판에서 이긴 뒤 명백히 잘못된 기사를 썼다는 걸 입증하고 싶었다고 말했습니다. 그는 "자본이 더 많은 이익을 찾아 떠나면서 노동자들에게 책임을 떠넘기고 언론이 이를 거들어 파업 때문에 회사가 망했다고 왜곡 보도를 쏟아냈다"면서 단 몇 줄의 정정 보도를 통해서라도 이를 바로잡으려 했다고 밝혔지요.

실제로 콜트악기의 사장은 폐업 1년 전부터 대규모 정리해고를 단행했습니다. 그 과정에서 한 직원이 억울함을 항의하며 분신자살을 시도하기도 했습니다. 콜트악기 노동자들은 신문의 왜곡 보도 이후 법원의 판결을 받아 내기까지 일용직을 전전하면서 힘겹게 살아갔지요.

콜트악기 노동조합 위원장은 "힘겨운 싸움이지만 우리가 이 싸움에서 진다면 우리나라에 공장이 남아나겠느냐"고 반문했습니다. 우리나라보다 인건비가 싼 중국이나 동남아시아로 기업체를 옮겨 가고 있는 게 현실이기 때문에 우리 모두에게 중요한 이야기이지요.

콜트악기 노동자들의 싸움은 영화로도 만들어졌습니다. 〈꿈의 공장〉이 그것이지요. 콜트악기의 자회사인 콜텍 대전 공장에 노조가 설립되기 전에, 회사 사장이 그 공장을 '꿈의 공장'으로 불렀다고 해서 지은 제목입니다. 영화에서 기타리스트 톰 모렐로는 "기타는 착취가 아니라 해방의 수단이 되어야 한다. 한국 노동자들의 요구를 전폭적으로 지지한다. 그 누구도 스스로의 권리를 지키기 위해 일어섰다는 이유만으로 일자리를 잃어서는 안 된다"고 말합니다.

우리 청소년들이 즐겨 찾는 기타, 그 기타에는 노동자들의 슬픔이 배어 있음을, 그 슬픔을 미디어가 증폭시켰다는 진실을 기억해 둘 필요가 있겠지요.

진실이 뒤틀리는 곳은 비단 부모님들이 일하는 일터만이 아닙니다. 10대들의 교실에 대해서도 진실을 왜곡하는 언론 보도가 종종 나오니까요. 예를 들어보죠. 다음 신문 제목을 볼까요?

"수업 시간에 '퀴어 축제' 보여 준 여교사, 그 초등교선 '야, 너 게이냐' 유행"

어떤가요. 제목을 보면, 초등학교 교실에서 교사가 엉뚱한 걸 가르친다고 여기기 쉽지요. 2017년 8월 25일자 〈조선일보〉 기사입니다. 최현희 초등학교 교사가 수업 시간에 퀴어 축제 영상을 보여줘 학부모 220여 명이 수업 중단을 요구하며 항의했고, 학교에선 '야, 너 게이냐'는 말이 유행했다는 내용인데요.

기사가 나오자 최 교사는 인터넷에서 온갖 모욕적인 비난을 받았습니다. 그런데 1년 10개월이 지난 2019년 6월에 〈조선일보〉에는 정정 보도가 실렸습니다. 정정 보도에서 최 교사가 남학생들에게 "말 안 듣고 별난 것들은 죄다 남자"라고 질책했다는 내용은 사실이 아니었고 최 교사의 수업 중단을 요구했다는 것도 '일부 학부모'였던 것으로 정정됐습니다.

이 신문이 정정 보도를 하게 된 이유는 최 교사가 법정에서 진실을 밝혔기 때문입니다. 최 교사가 수업 시간에 퀴어 축제 동영상을 보여 준 이후 학생들 사이에서 '야, 너 게이냐' 등의 말이 유행했다는 보도, 최 교사가 트위터에서 남성 혐오 인터넷 커뮤니티 회원이라고 밝혔다는 보도, 최 교사가 비판이 불거지자 남성 혐오 트윗을 삭제했다는 보도 모두 확인된 사실이 아니었다고 정정했습니다.

진실은 무엇일까요. 최 교사는 "영상을 보여 주기 전부터 교실에서 '게이'라는 말이 놀림처럼 사용됐다. 교실 내에 공공연하게 성소수자 혐오가 있다는 걸 알게 됐고 인권 교육 차원에서 언급이 필요하다고 판단했다. 퀴어 축제 영상을 보여 준 이유도 그것 때문"이라며 "그러나 〈조선일보〉는 완전히 인과 관계를 뒤집어 보도했다"고 강조했습니다.

학교로 돌아온 최 교사는 "성평등 교육이 무엇인지 알려고 하지 않고, 특히 아이들과 내가 있던 교실에 어떤 이야기가 오갔는지 관심 없이 오로지 정치적 입장에 따라 문제를 과장하고 왜곡하는 이들에 분노한다"면서도 "아이들은 그렇게 쉽게 속지 않는다. 적어도 내 앞에 있는, 매일 일상으로 만나는 교사가 특정 신문에 보도된 것처럼 문제 있는 교사, 나쁜 교사가 아니라는 걸 확실히 안다"며 희망을 밝혔지요.

최 교사가 담임이던 초등학생들은 신문에 대해 살아 있는 공부를 했다고 볼 수 있겠지요.

보도 사진의 진실 왜곡

〈중앙일보〉는 2008년 7월 5일자 신문에 "미국산 쇠고기 1인분에 1700원"이라는 사진 기사를 내보냈습니다. 당시 이명박 정부가 미국산 쇠고기를 무분별하게 모두 개방하자 촛불문화제가 벌어졌고, 시민들의 거센 항의 앞에서 이 대통령은 대국민 사과와 함께 30개월 이하의 쇠고기만 수입하도록 보완하겠다고 밝힐 만큼 뜨거운 쟁점이 되었을 때입니다.

〈중앙일보〉는 '미국산 쇠고기 판매 개시'라는 벽보 아래서 손님들이 미국산 쇠고기를 푸짐하게 시켜 놓고 먹고 있는 장면을 포착해 실었는데요, 하지

독자 여러분께 사과드립니다

본지 7월 5일자 9면에 실린 '미국산 쇠고기 1인분에 1700원' 이란 제목의 사진은 연출된 것입니다. 사진 설명은 손님들이 미국산 쇠고기를 먹고 있다고 돼 있으나 사진 속 인물 중 오른쪽 옆모습은 현장 취재를 나간 경제부문 기자이며 왼쪽은 동행했던 본지 대학생 인턴 기자입니다. 이 인턴은 업무를 시작한 지 이틀밖에 되지 않았으며 이번 사진에 대해 아무런 책임이 없습니다. 그 때문에 정정 기사에서 인턴 기자의 얼굴은 모자이크 처리했습니다.

두 사람은 사진기자와 더불어 4일 오후 5시쯤 서울 양재동에 있는 식당에 도착했습니다. 다시 시판되는 미국산 쇠고기를 판매하는 음식점을 취재하기 위해서였습니다. 기자들이 도착했을 때는 이른 저녁 시간이라 손님이 없었습니다. 마감시간 때문에 일단 연출 사진을 찍어 전송했고, 6시가 넘으면서 세 테이블이 차자 기자가 다가가 사진 취재를 요청했으나 당사자들이 모두 사양했습니다.

하지만 손님들이 모두 미국산 쇠고기를 주문했기 때문에 음식점 상황을 독자들에게 전달해야 한다는 판단에서 잘못을 저질렀습니다. 독자 여러분께 머리 숙여 깊이 사과드립니다.

〈중앙일보〉 2008년 7월 8일자

만 신문에 사진이 나간 뒤 쇠고기 앞에 앉아 있는 사람들이 '손님'이 아닌 이 신문 소속의 취재 기자들이라는 사실이 인터넷을 통해 밝혀졌습니다. 논란이 커져 가자 〈중앙일보〉는 당시 나갔던 신문 사진과 함께 독자들에게 사과문을 발표했지요.

인터넷을 통해 조작 의혹이 퍼져 가면서 마침내 진실을 털어놓을 수밖에 없었지만, 만약 네티즌들의 제보와 노력이 없었다면 그냥 넘어갔겠지요. 참고로 촛불 시위를 통해 우리는 애초 무제한 전면 개방키로 한 미국산 쇠고기 수입을 '30개월 이하'로 개방 조건을 달았지만, 당시 일본 정부는 20개월 미만의 미국산 쇠고기만 수입하고 있었지요. 일본이 30개월 미만의 쇠고기로 확대한 것은 그로부터 5년이 지나 미국산 쇠고기의 안정성이 확인된 2013년이었습니다. 권력에 대한 감시와 비판이 왜 중요한가를 새삼 실감케 해 줍니다.

왜 권력은 언론을 지배하려고 하나요?

언론은 처음 신문이 등장할 때부터 왕과 귀족의 정치 독점을 감시하는 데서 자신의 존재 이유를 찾았습니다. 정치 권력을 감시하고 비판하는 일은 그 뒤 언론의 소명으로 사회적 합의를 이뤘습니다.

하지만 바로 그렇기에 권력은 언론이 불편하지요. 친구

사이에도 자신을 비판하면 기분이 상하는 경험을 누구나 했을 겁니다. 국가의 최고 정치권력을 가진 사람들은 어떨까요? 자신을 비판하는 언론을 통제하고 싶겠지요. 민주주의 정치 문화에 익숙하지 않은 정치인이라면 특히 그렇습니다. 실제로 군인으로 쿠데타를 일으켜 집권한 박정희는 대통령 시절에 자기보다 나이가 적은 언론인들이 자신의 잘잘못을 쓰는 기사와 논평을 보면 분노했었다고 그의 측근이던 중앙정보부장(현 국가정보원장)이 증언했습니다. 그러니 어떻겠어요. 대통령의 마음에 들기 위해 중앙정보부장은 비판적 언론인들을 연행해서 고문을 하고, 신문사에서 쫓아내기도 했지요. 언론을 권력에 봉사하는 시녀로 만들고 싶은 욕망은 박정희나 전두환만이 아니라 세계 곳곳에서 나타나는 현상입니다.

그런데 언론을 지배해서 통제하면 자신에 대한 비판을 전혀 듣지 못하게 됩니다. 결과는 어떻게 될까요? 독재 권력은 점점 민심과 멀어지게 되어 파국을 맞지요. 세계적으로 독재자들의 말로가 비참했던 이유입니다.

권력이 언론을 지배하고 싶은 욕망에서 벗어나지 못하면, 결국 제 무덤을 파는 꼴입니다. 민주주의가 성숙하면서 정치권력의 언론 지배력은 시나브로 약해지지만, 경제 권력의 언론 통제력은 이 책에서 곧 다루겠지만 점점 커지고 있습니다.

잘못된 기사는 어떻게 정정되나요?

언론의 생명은 진실 보도입니다. 처음 기자가 되었을
때 가장 먼저 배우는 게 철저한 사실 확인이지요. 하지만
기자도 사람이기 때문에 실수를 할 때가 종종 있습니다.
때로는 자신이 속한 언론사의 정치적 판단에 따라 상대
를 일부러 흠집 낼 수도 있지요. 자신과 관련된 보도가 사
실과 다를 때 어떻게 해야 할까요?

곧장 법원으로 갈 수 있습니다. 잘못된 보도로 피해를 입었을 때 정정 보
도는 물론 피해 보상 소송까지 할 수 있지요. 다만 법원으로 가려면 여러모로
절차가 복잡하고 비용도 많이 드는 게 사실입니다. 그래서 언론중재위원회
가 설립되어 있지요.

언론중재위원회는 독자와 언론사 사이에 보도를 둘러싸고 분쟁이 생길 때
말 그대로 '중재'하는 기구인데요. '언론 중재 및 피해 구제 등에 관한 법률'
에 근거해 방송, 정기 간행물, 뉴스 통신, 인터넷 신문, 인터넷 뉴스 서비스
및 인터넷 멀티미디어 방송의 보도로 피해를 입은 개인, 단체로부터 중재 신
청을 받습니다. 중재 결과에 따라 정정 보도, 반론 보도, 추후 보도, 손해 배
상의 방법으로 피해를 구제받을 수 있지요.

법정 소송과 달리 언론중재위원회를 찾아가 사실과 다른 보도에 중재를
요청하면 짧은 시간 안에 결말을 낼 수 있습니다. 변호사 선임 비용을 비롯해
전혀 돈이 들지 않습니다. 변호사가 상근하면서 언론 피해와 관련된 법률 상

담도 무료로 서비스하고 있으니까요. 물론, 합의를 이루지 못할 때는 법정으로 가야 하지만 언론중재위원회의 의견이 재판에 큰 영향을 끼치므로 언론사들도 중재에 최대한 따릅니다. 사실과 다른 보도, 앞으로 그냥 넘어갈 아무런 이유가 없겠지요?

신문에 나오는 사설은 어떻게 만들어지나요?

신문들은 날마다 세 꼭지의 사설을 내보냅니다. 사설은 기사와 달리 그 신문사의 주관적 의견을 밝히는 곳입니다. 가치 판단이 명확하지요. 사설을 쓰는 사람을 논설위원이라 합니다. 대체로 기자 경력 20년 안팎일 때 논설위원이 됩니다. 신문사에서 평기자와 부장을 거치고 논설위원이 되는데요. 편집국과 별개로 논설위원실에서 근무합니다. 신문사마다 차이가 있지만 10명 안팎입니다.

다음날 신문에 어떤 사설을 써야 할지는 논설위원 회의에서 정해지지요. 아침 10시쯤에 논설위원들이 모여 회의를 합니다. 논설위원들은 각각 전문 영역이 있어요. 평기자 시절에 가장 많이 취재했던 영역을 맡습니다. 자신이 맡은 영역에서 사설을 쓸 필요가 있다고 판단한 주제를 각 논설위원이 밝히면 세 꼭지를 훌쩍 뛰어넘겠지요. 따라서 회의를 통해 어떤 내용이 더 중요하고 필요한지를 논의합니다. 그래서 세 꼭지가 결정됩니다.

어떤 사설을 쓸지 토론하는 과정에서 그것을 어떻게 써야 할지도 대체로 방향이 정해집니다. 결정 과정에서 나오는 의견들을 담당 논설위원은 자신이 집필하는 사설에 반영해야겠지요. 사설은 논설위원 개인의 생각이 아니라 그 신문사의 이름으로 나가는 글이니까요. 회의가 끝나는 시간이 보통 오전 11시인데요, 그때부터 사설 집필자는 자료도 찾고 논리를 세우며 쓰기 시작합니다. 때로는 그날 중요한 사건이 벌어지면 오후에 긴급히 사설을 교체합니다. 오후 4시쯤 사설을 마감하고 논설주간을 거쳐 사설은 그것을 신문 지면에 담는 제작 부서로 넘겨집니다. 신문사에 따라선 소유주가 사설의 주제 선정과 집필에 결정적 영향력을 행사하기도 합니다.

5장

텔레비전에
내가 나오면 참 좋겠어요

"텔레비전에 내가 나왔으면 정말
좋겠네 정말 좋겠네
"춤추고 노래하는 예쁜 내 얼굴
"텔레비전에 내가 나왔으면 정말 좋겠네 정말 좋겠네
"텔레비전에 내가 나왔으면 정말 좋겠네 정말 좋겠네"

　누구나 어렸을 때 한 번쯤은 들었거나 불렀을 동요 가운데 일부
입니다. 이 동요의 작곡가 정근은 그의 고향에 세워진 자신의 시비
제막식에서 인간의 자아 가운데 가장 순수한 상태인 동심을 노래
한 것이 동요라고 말했습니다. 그의 말처럼 까마득한 옛 선사 시대
때도 어린이들이 읊조리며 놀던 동요가 분명히 있었겠지요. 동요
는 최초의 어린이 놀이라고 할 수 있습니다.

'텔레비전에 내가 나왔으면' 또한 텔레비전을 좋아하는 어린이들의 마음을 잘 표현한 동요입니다. 그런데 작가의 빼어난 다른 작품과 달리 이 동요는 텔레비전에 대해 지나치게 선망만 담고 있습니다. 자칫 텔레비전을 바라보는데 한쪽만의 편향된 생각을 심어주지 않을까 우려되기도 합니다. 작가 자신이 KBS에 몸담고 있었지요.

전파 미디어의 역사

집 안방 깊숙이 들어와 있는 텔레비전은 누구에게나 친숙한 미디어입니다. 하지만 그 또한 역사상의 어느 시점에 탄생했기에 그 이전에는 존재하지 않았지요. 거슬러 올라가면 텔레비전의 일생은 방송의 그것과 이어집니다. 텔레비전 또한 방송의 하나이니까요.

방송의 한자어 '放送'도 그렇고 영어 'broadcasting'의 뜻 모두 광범위한 지역에 널리 퍼트려 알리는 것을 의미합니다. 법률적 개념으로는 '정치, 경제, 사회, 문화, 시사에 관한 보도·논평 및 여론과 교양, 음악, 연예를 공중에게 전파함을 목적으로 하는 무선 통신의 송신'으로 정의하고 있습니다.

여기서 볼 수 있듯이 방송은 사람의 가치관, 사상, 감정들을 음성, 음향, 영상으로 표현하는 미디어입니다. 이 지점에서 우리는 호기심이 필요하지요. 어떻게 사람의 음성과 영상을 밀리까지 광범위하게 퍼뜨릴 수 있을까 하는 물음이 그것입니다.

정말이지 어떻게 가능했을까요? 그런 질문은 미디어를 올바르게 이해하기 위해 앞으로도 꼭 필요합니다. 당연한 것에 의문을 던지는 호기심, 바로 그것이야말로 모든 것을 올바르게 이해하는 지름길이니까요.

소리와 그림, 음성과 영상을 널리 퍼뜨리는 방송의 비밀은 전파에 있습니다. 전파를 이용해서 다수의 사람들에게 프로그램을 정규적으로 보내는 일이 곧 방송이니까요. 알다시피 전파는 전기의 흐름입니다.

전기의 존재가 인류에게 처음 인식된 것은 고대 그리스 시대였습니다. 보석 장식품으로 쓰이는 호박이 작은 물체를 끌어당기는 현상을 발견했을 때였지요. 물론, 호박 자체는 전기가 통하지 않습니다. 그런데 그리스 사람들이 호박의 원석을 고급 장식품으로 만들기 위해 가공할 때, 호박이 작은 물질을 끌어당기는 현상을 우연히 발견했어요. 그 시대 사람들은 그것이 호박에만 있는 신비로움으로 이해했습니다.

호박에 대한 그 신비로움은 16세기 말에 영국 의학자 윌리엄 길버트가 양의 전기와 음의 전기가 서로 끌어당기는 마찰 전기를 실험적으로 증명했을 때까지 오랜 세월 동안 지속되었지요. 하지만 전기의 실체를 알게 되는 데는 더 오랜 시간이 걸렸습니다. 미국 발명가 토머스 에디슨이 백열전구를 발명했지만 전기가 무엇인가는 아직 파악하지 못했어요. 그로부터 20년이 더 흘러서야 영국 물리학자 조지프 톰슨이 전기는 아주 미세한 입자라는 것을 1879년에 알아내고 그 작은 입자를 '전자'라고 불렀지요.

전기는 전자들의 이동으로 일어나는 현상입니다. 그렇다면 전자電子, electron는 무엇일까요? 알다시피 전자는 모든 물질을 구성하는 아주 작은 입자로서 음전하를 지니며 원자핵의 주위를 돕니다.

그러니까 본디 전자와 전기는 자연 속에 있는 현상인데 인류는 그것을 19세기 들어서서 발견하게 되었고 비로소 자신의 삶에 이용할 수 있었던 거지요. 이어 1880년에 독일 물리학자 헤르츠는 전자가 이동하는 과정에서 생기는 전자기파를 발견했어요. 그것을 이용해 이탈리아 전기 기술자 마르코니는 전선 없이 통신하는 무선 통신 방법을 발명했지요.

그렇게 보면 자연 현상을 관찰하는 과학 정신과 줄기찬 기술 개발이 방송을 낳은 산파였음을 새삼 확인할 수 있습니다. 신문이 탄생하는 데 제지술만이 아니라 인쇄술이 필요했듯이 방송 또한 무선 전신 기술만으로는 불가능했습니다. 미국 발명가 리 디포리스트가 1906년에 발명한 3극 진공관이 결정적으로 필요했지요. 진공관이 있었기에 당시 무선 전파에 음악과 음성을 실어 보낼 수 있었습니다.

무선 통신이 얼마나 큰 힘을 지닐 수 있는지 사람들이 실감한 것은 1912년 초호화 여객선 타이태닉호가 바다 한가운데서 침몰했을 때입니다. 무선으로 타이태닉호의 침몰을 알리면서 라디오의 가능성은 20세기 매스미디어 역사의 새로운 지평을 예고했습니다.

1920년 1월 미국 워싱턴에 자리한 해군 비행장에서 군악대가 연주할 때 그것을 전파로 발사한 순간을 세계 최초의 방송으로 역사가들은 꼽습니다. 그해 11월 미국 피츠버그시에서 방송국이 개국되어 대통령 선거에 대한 속보 방송을 하는데 그 순간이 정규 라디오 방송의 '생일'이지요. 피츠버그의 KDKA 방송국은 지금도 활동하고 있어요. 라디오 방송이 전파를 쏘면서 그곳에 광고를 실으려는 움직임이 곧바로 나타났습니다. 이미 1922년에 미국 라디오 방송에서 부동산 광고가 선보였어요.

라디오 방송이 시작되면서 세계 여러 나라들은 적극적으로 새로운 대중매체를 받아들입니다. 우리가 살고 있는 이 땅에도 1927년 2월 16일 경성방송국JODK이 문을 열었지요. 하지만 그 시점은 일본 제국주의가 우리의 주권을 빼앗고 있을 때입니다. 우리 방송이라기보다는 일본 방송의 연장선이라고 보는 게 옳겠지요. 해방 이후 1947년 9월 3일 국제무선통신회의ITU로부터 공인받아 한국의 독자적인 방송을 비로소 전파할 수 있었습니다. 방송인들이 그날(9월 3일)을 '방송의 날'로 기념하는 이유입니다.

처음 라디오가 출생했을 때 사람들은 자신의 집 안방에서 음악과 뉴스를 들을 수 있다는 사실에 경탄했습니다. 하지만 라디오가 신기할수록 아쉬움도 커 갔지요. 라디오는 귀에 의존할 수밖에 없는 청각 매체였기 때문이에요. 사람들은 실제로 일어나고 있는 일을 눈으로 보고 싶었거든요. 대다수 사람들은 그건 불가능한 일이라고 금세 포기했지만, 일부는 방법을 찾기 시작했습니다. 바로 그런 문제의식에서 텔레비전은 태동했지요.

텔레비전이 일상이 되기까지

텔레비전은 1928년에 독일의 5개 방송국에서 처음 실험 방송이 이뤄졌습니다. 1935년 3월 22일 베를린에서 세계 최초로 정기 방송이 전파를 탔습니다. 이어 1936년의 베를린 올림픽 기간에 시내 28개 장소에 TV를 볼 수 있는 공간을 만들었지요. 결국 텔레비전은 히틀러 치하에서 만들어진 셈입니다. 같은 해 11월 2일 영국의 공영 방송 BBC도 정규 프로그램을 내보내기 시작했습니다.

텔레비전이 본격적인 매스미디어로 등장한 것은 2차 세계 대전이 끝난 뒤입니다. 대중매체로 자리하려면 텔레비전 수상기를 집에 보유한 사람들이 크게 늘어나야 했지요. 텔레비전을 대량으로 값싸게 생산해 낼 수 있는 기술이 전제돼야 했습니다.

미국에선 1952년, 일본은 1953년 텔레비전 방송사가 정규 방송을 시작했습니다. 한국에서도 1956년 TV 방송이 개국되었으나 텔레비전 수상기 보급이 제대로 이뤄지지 않았던 시기였기에 의미 있는 방송을 내보내진 못했습니다. 게다가 화재가 일어나 방송사 자체가 수멸되었지요.

한국에서 텔레비전 방송은 1961년 12월 31일 KBS TV가 개국

하면서 출발합니다. 이어 대기업이 관심을 쏟으면서 삼성이 1964년 12월 7일 TBC를 개국했고 1969년 8월 8일에는 MBC가 개국했습니다. 1980년 12월 1일 방송사 통폐합으로 대기업은 텔레비전을 소유할 수 없게 됐지요. 그 결과로 삼성이 소유하고 있던 TBC는 KBS로 통합되었습니다. 곧이어 컬러TV 시대가 열렸지요.

그 뒤 KBS와 MBC 두 공영 방송 시대가 10년 넘게 지속되었습니다. 말로는 공영 방송이었지만, 실제로는 권력의 입김이 깊숙이 작용해 사실상 권력의 앵무새라는 비판이 많았습니다. 이 시기에 '땡전 뉴스'라는 말이 유행했지요. 1980년대에 저녁 9시 정각을 알리는 시계가 화면에서 "땡"하고 울리면, 언제나 곧바로 "전두환 대통령은 오늘~"이라는 뉴스가 나왔기 때문이지요. 아무리 중요한 사건이 터져도 쿠데타와 광주 학살로 집권한 대통령 전두환이 그날 어떻게 보냈는지를 톱뉴스로 보도했습니다.

물론, 시청자들은 저항하기 시작했지요. 텔레비전 시청 거부 운동과 수신료 내지 않기 운동이 벌어졌습니다.

전두환과 함께 쿠데타를 일으켰던 노태우가 대통령 자리에 앉아 있던 시절인 1991년에 기업도 방송을 소유할 수 있도록 다시 법을 바꾸면서 SBS가 개국했습니다. 수도권 지역 중심의 SBS와 함께 국내 특정 지역에만 수신이 가능한 민영 방송이 부산, 대구, 광주, 대전에서 방송을 시작했습니다.

1993년부터는 케이블 방송^{CATV}도 허가됐지요. 지상파 방송과 달리 유선 방송으로 시작한 케이블 방송은 전파의 희소성이라는 물리적 한계를 넘어설 수 있기 때문에 그 뒤 텔레비전 채널은 폭발적으로 늘어 갑니다.

21세기를 살아가는 우리들에게 텔레비전은 일상생활 그 자체가 되었지요. 평일도 텔레비전을 2시간 넘게 보고 있지만, 주말에 들어서면 시청 시간은 가파르게 올라갑니다. 텔레비전을 6살부터 80세까지 2시간씩 본다고 가정하면, 얼마나 될까요? 24시간 내내 6년을 텔레비전 앞에 앉아 있다는 수치가 나옵니다.

텔레비전이 우리 삶에서 차지하는 비중은 비단 얼마나 많은 시간을 차지하고 있는가의 양적인 문제에 그치지 않습니다. 텔레비전이 현대인의 삶에 끼치는 영향은 질적으로도 크고 깊습니다.

텔레비전이 우리 삶에 주는 영향력은 역설이지만 죽음까지 불러온다는 데서 실감할 수 있습니다. 스위스는 1인당 국민 소득이 6만 달러가 넘을 만큼 경제 수준이 높고 평화로운 나라로 알려져 있지요. 1998년 5월 그 나라에서 결혼한 지 32년이 된 노부부에게 일어난 실화인데요. 텔레비전 채널권을 놓고 노부부가 심하게 다퉜답니다. 격분한 남편이 화를 참지 못하고 아내를 총으로 쏘아 숨지게 했지요.

텔레비전 채널을 놓고 30년 넘게 살아온 부부가 살인까지 이른 것은 누가 보더라도 이해할 수 없는 일입니다. 그것을 이해힐 수 있는 길은 하나이죠. 바로 중독입니다. 중독자는 원하는 것을 하지

TV 중독 진단

☐ 애초의 계획보다 TV를 더 오래 본다.

☐ TV를 보느라 집안일을 소홀히 한 적이 있다.

☐ 가족이나 친구들과 어울리는 것보다 TV 시청이 더 즐겁다.

☐ TV를 너무 많이 본다고 주변 사람들에게 불평을 듣는다.

☐ TV 때문에 학교생활이나 회사 업무에 지장이 있다.

☐ 집에 들어가면 가장 먼저 TV를 켠다.

☐ TV 시청 때문에 생산성이나 창의력이 떨어진 적이 있다.

☐ 기분이 좋지 않을 때 TV를 보면서 달랜 적이 있다.

☐ 그날 볼 TV 프로그램을 미리 정한다.

☐ TV가 없으면 따분하고 재미없을 거로 생각한다.

☐ TV 시청을 방해하는 사람에게 소리를 지르거나 화를 낸 적이 있다.

☐ TV를 보느라 잠을 못 잔 적이 있다.

☐ "이것만 보고 TV 끌 거야." 하면서 시간을 허비한 적이 있다.

☐ TV 시청 시간을 줄이려고 노력했지만 실패한 적이 있다.

☐ 가족이나 친구들과 외출하지 않고 TV를 보기 위해 집에 남은 적이 있다.

☐ TV를 보다 보면 시간 감각이 사라진다.

☐ 현실보다 TV를 보고 있을 때가 마음 편하다.

☐ 거의 매일 TV를 본다.

☐ TV 때문에 가족들과 싸운 적이 있다.

☐ TV 프로그램을 챙겨 보지 못할 경우 인터넷에서 동영상을 다운받아서라도 시청한다.

20가지 문항 가운데 해당 사항

10개 미만 : 자기 통제가 가능한 상태로 별문제가 없음.

10~15개 : TV 시청으로 일상생활에 문제가 생기기 시작했다는 경고.

16개 이상 : 원활한 생활이 힘든 상태로 주변의 관심과 전문가의 도움이 필요함.

출처: 고재학, 『내 아이를 지키려면 TV를 꺼라』, 2005

못할 때 정상적인 생각과 행동에서 벗어나지요.

인터넷 중독이 사회적 문제로 점점 부각되고 있어서 조금은 가려 있습니다만, 스위스 노부부 사례에서 볼 수 있듯이 텔레비전 중독의 문제도 사라진 게 아니지요. 지구촌에 보편적 현상입니다.

텔레비전과 성형 신드롬

딱히 중독은 아니어도 10대 청소년들이 '연예인 숭배'에 몰입해 있다면 '내가 왜 이 연예인을 숭배하고 있는 걸까?' 냉철하게 짚어 볼 필요가 있습니다.

물론, 특정 연예인을 좋아하는 것이 문제가 있다고 생각한다면 옳지 못하지요. 누구나 사람은 선호가 있으니까요. 여기서 '연예인 숭배'를 말하는 것은 단순한 선호가 아니라, 말 그대로 그를 우상처럼 떠받드는 언행을 이릅니다.

시청자들은 누구나 텔레비전을 보면서 자신이 그 연예인과 얼굴을 마주하고 있다는 착각에 빠지지요. 그것을 '친근의 환상'이라고 합니다. 텔레비전에서 자주 보니까 자기와 친하다고 착각하는 현상이지요. 현실은 전혀 다릅니다.

비단 '친근의 환상'만이 문제는 아닙니다. 연예인만 되면 모두 돈을 많이 벌고 결혼도 잘해 행복하게 살 수 있는 것처럼 생각하게 만드는 것도 텔레비전입니다. 대부분의 연예인은 춥고 배고프게 살아가고 있어요.

텔레비전 드라마에 출연했다고 모두 좋은 것도 아닙니다. 드라마에 한창 나오던 여성 연예인이 자신에게 '성 상납'을 강요했던 권력 있고 돈 많은 사람들을 원망하며 스스로 목숨을 끊은 일이 일어나기도 했지요. 연예인들의 결혼 생활이 일반인들에 비해 순탄하지 못한 현상도 그들이 정말 행복할까 하는 의문을 갖게 해 주는 지표입니다.

그럼에도 텔레비전에 나오는 연예인 숭배 현상은 외모 지상주의 세태에서 쉽게 확인할 수 있습니다. 얼굴 생김이나 몸매가 어떤 사람을 판단하는 잣대가 됩니다. 흔히 우리가 '몸짱'이나 '얼짱'이라는 말을 많이 쓰는 이유도 따지고 보면 텔레비전이 부추겨 놓은 가치 기준에 따른 것입니다.

예를 들어 SBS가 내보낸 코미디 프로그램은 여성의 외모를 '깜찍이'와 '끔찍이'로 차별했습니다. 더구나 특정 외모에 대해서 "얼굴 바로 다음이 몸통이네, 목이 없네." 따위로 비하했지요. "얼굴만 예쁘면 다 용서된다던데?"라든가 "그러니까 너는 절대로 용서가 안 된다는 거야"와 같은 대화가 지상파 방송을 타고 전국 곳곳에 방영되었어요.

어떤가요? 조금 전 소개한 대화들을 우리 일상생활에서 들어본 경험이 있다면 그게 어디서 퍼지기 시작했을까를 추적해 볼 필요가 있지 않을까요?

몸이 통통하면 마치 죄인이라도 되는 듯이 몰아치는 방송도 많지요. 서슴없이 '몸꽝'이라는 야유가 '몸짱'이라는 감탄과 함께 방송에 나오기도 합니다. 오락 프로그램들을 보면 마치 '몸짱'이 건강의 척도인 듯 착각하게 됩니다.

텔레비전이 만들어낸 외모 지상주의로 인해 한국의 15~24살 청소년·성인 가운데 39.2퍼센트가 외모를 위해 성형 수술을 할 생각이 있다고 답하고 있습니다(서울시 뉴스 웹진 'e-서울통계' 10호). 여성 비율은 더 높아 49.3퍼센트, 절반에 이르지요.

우리는 어느새 텔레비전에 젖어 있어서 또는 이미 중독되어서 외모 지상주의는 사람인 한 당연한 것 아니냐고 반문할 수도 있습니다. 하지만 한국과 영국의 여론 조사 결과를 보면 그렇지 않다는 사실을 확인할 수 있을 거예요.

한 여론 조사 기관에서 서울 곳곳의 지하철역 부근에서 여성들을 상대로 '성형 수술을 공짜로 할 수 있게 해 준다면 어디를 고치겠는가?'라고 설문 조사를 했습니다. 서울의 여성들은 저마다 신이 난 얼굴로 '자기의 작은 눈'과 '낮은 코' 그리고 '큰 얼굴' 등을 '고치고 싶다'고 대답했지요. 전체 설문에 참여한 여성의 약 80퍼센트가 자기 몸의 어딘가를 '고치고 싶다'고 대답했습니다.

영국 런던의 여자들도 똑같은 질문을 받았습니다. '당신에게 성형수술을 공짜로 할 수 있게 해 주겠다. 어디를 고치겠는가?'라는 질문에 런던의 여성들 80퍼센트가 조금은 화를 내기까지 하며 "난 어디도 안 고치겠다"고 답했답니다. 그 비싼 성형을 '공짜'로 해 주겠다는데 안 하겠다고 말했지요. 설문 조사하는 사람들에게 런던 여성들은 "나는 지금 내 얼굴에 만족해요"라고 답했고 "내가 왜 성형 '수술'을 해야 하죠?"라며 몹시 불쾌한 반응을 보이거나 "그건 스크린에 얼굴을 비추는 연예인들에게나 필요한 게 아닌가요?"라고 반응했습니다.

물론, 텔레비전의 영향력은 연예인 숭배나 외모 지상주의 세태에서만 확인할 수 있는 것은 아닙니다. 텔레비전이 그 막강한 힘으로 얼마나 좋은 일을 할 수 있는가를 상징적으로 보여 주는 사례가 있지요.

다 알다시피 우리 겨레는 1950년부터 53년까지 만 3년에 걸친 전쟁의 참극으로 수백만 명이 숨졌습니다. 남쪽의 낙동강과 북쪽의 압록강까지 오가며 치열한 공방전을 벌이면서 헤어진 가족들이 수없이 많이 발생했지요. 정부 행정이 아직 체계화되지 못했던 시기에 헤어졌고 그 이후로는 줄곧 독재 정권이 지배해 왔기에 이산가족에 대한 적극적인 정책 의지도 없었어요. 헤어진 가족들은 그 뒤 30년 넘도록 연락이 끊어진 채 살아갈 수밖에 없었지요. 특히 피난 가던 길에 어린이가 부모의 손을 놓쳤을 때는 더 그랬습니다.

1983년 6월 30일, KBS 1TV는 특별 기획 〈누가 이 사람을 모르시나요〉를 90분 길이의 특집으로 방송했습니다. 3년 넘게 지속된 전쟁을 거치면서 뿔뿔이 흩어져 서로 살았는지 죽었는지조차 모르는 가족을 찾아 나선 사람들의 아픔이 화면으로 생생하게 전해졌지요. 방송 제작진조차 한 차례의 특집으로 편성된 방송이 그렇게 뜨거운 호응을 받으리라고는 상상하지 못했습니다.

KBS의 〈특별 생방송-이산가족을 찾습니다〉로 다시 편성된 방송에 애끊는 사연을 가슴에 품은 사람들의 발길은 끊어지지 않았습니다. 예정된 편성을 넘어 특집 방송은 연장에 연장을 거듭했습니다. 11월 14일까지 138일 내내 이어졌지요. 그 기간 동안 10만 952건의 사연이 접수됐고 5만 3536명이 출연했습니다. 30년 동안 헤어져 살았던 1만 189명이 가족을 찾아 슬픔과 기쁨의 눈물을 흘렸습니다.

이산가족 찾기 방송은 대중매체로서 텔레비전이 지닌 힘을 모든 사람에게 확인시켜 주었습니다. 더러는 그것을 특수한 예외라고 생각할 수도 있습니다. 하지만 아닙니다. 이산가족 찾기 생방송처럼 어느 시점에 집중된 프로그램은 그 효과가 누구의 눈에도 또렷하게 드러나기 때문에 확연히 그 힘을 실감할 수 있을 뿐이지요.

눈에 띄지 않지만 우리의 삶에 아주 깊은 영향을 끼치는 프로그램들도 있습니다. 앞에서 이미 외모 지상주의와 텔레비전의 관계에 대해 짚었습니다만, 상황은 더 심각합니다.

미국의 10대들을 상대로 한 학자들의 연구 결과를 들여다봅시다. 미국의 한 연구팀이 12세부터 17세까지의 10대 청소년 2000명을 대상으로 해서 성적인 내용을 신징직으로 담고 있는 텔레비전 프로그램을 분석했는데요. 2008년 공개된 연구 결과를 보면, 3년에 걸친 연구에 참여한 10대들 가운데 텔레비전에서 성적 노출이 큰 프로그램을 본 10대와 그렇지 않은 프로그램을 본 10대 사이에 차이가 또렷하게 나타났습니다.

한국에도 소개된 시트콤 〈섹스 앤 더 시티Sex and the City〉나 〈프렌즈Friends〉와 같은 성적 노출이 큰 프로그램을 시청한 10대 청소년들이 그렇지 않은 청소년들에 비해 임신을 하거나 임신을 시킬 확률이 높았습니다. 성적 노출이 많은 프로그램을 자주 시청한 청소년들의 25퍼센트가 임신을 하거나 임신을 시켰습니다.

연구 결과는 여기서 그치지 않습니다. 성적 노출이 심한 TV 프로그램만이 아닙니다. 성적 요소가 노골적으로 드러나는 뮤직비디오를 시청한 10대들은 성병에 걸릴 확률도 높은 것으로 나타났어요. 그럼에도 연구 책임자가 우려했듯이 성적 노출을 담은 프로그램은 가파르게 늘어나고 있으며, 미국에서 10대들의 대부분은 하루 일과 가운데 평균 3시간 이상을 텔레비전을 시청하며 보내고 있습니다.

물론, 미국 청소년만의 문제는 아닙니다. 12세부터 17세까지는 성적 호기심이 가장 왕성하게 일어날 때이니까요. 건강하게 커 나가는 청소년들에게 성적 관심은 아주 자연스러운 현상입니다. 문제는 바로 그런 자연스러움을 이용해 시청률을 높이려는 텔레비전 방송사들이 성적 노출이 심한 프로그램을 마구 제작해 방영하는 데 있습니다. 수백여 개의 채널을 내보내고 있는 한국의 텔레비전 방송 가운데 선정적 장면으로 화면을 가득 채우는 케이블 프로그램이 적지 않지요.

문제는 선정적 프로그램들이 10대들에게 끼치는 영향이 당사자들의 인생에 치명적이라는 데 있습니다. 12세에서 17세까지는 아직 성인이 아닙니다. 이 말은 그 나이의 10대들이 판단력이 없다는 뜻은 아닙니다. 17세가 넘어도, 아니, 70대가 되어도 판단력이 10대보다 못한 어른들도 많으니까요.

그럼에도 10대의 그 나이를 미성년자로 부르는 이유는 가족은 물론 '사회적 관심'이 필요하기 때문입니다. 아직은 판단력을 키워 가야 할 연령대이니까요. 그런데 그 나이에 충동적 교제로 임신이 되거나 임신시킬 때, 당사자들의 인생은 자신의 뜻대로 풀리지 않습니다.

그렇다면 여기서 한 가지 의문이 들겠지요. 왜 방송사들은 문제가 많은 성적 장면들을 무분별하게 내보낼까? 그것이 시청률 경쟁 때문이라고 하는데, 그렇다면 왜 시청률을 그렇게 중시할까?

방송사가 프로그램을 기획하고 시간에 맞춰 배열하는 것을 편성이라 하는데요. 편성의 기본적이고 중요한 목표가 시청자를 최대한 확보하는 것입니다. 왜 그럴까요? 방송사라면 사람들을 자극적인 화면으로 끌어들여 방송하기보다는 개개인의 삶에 감동이나 성찰을 주는 프로그램을 주로 만들어야 옳지 않을까요? 바로 그런 질문을 던지고 스스로 답해 보는 것이 텔레비전이라는 대중매체를 올바르게 이해하는 지름길입니다.

더러는 방송사들이 시청률 경쟁에 나서는 이유를 굳이 묻는 걸 의아하게 생각할 수도 있겠지요. 많은 사람들에게 자신이 만든 프로그램을 보여 주고 싶은 것은 당연한 심리일 테니까요. 하지만 그렇게만 보는 것은 순진한 겁니다.

순수한 것은 바람직하지만 순진한 것은 넘어서야 옳겠지요. 방송사들의 시청률 경쟁에 나서는 가장 큰 이유는 그래야 그 방송사에 광고가 늘어나기 때문입니다. 광고를 내려는 사람들은 당연히 시청자들이 많은 프로그램에 광고하고 싶겠지요. 바로 그렇기에 시청률을 높이기 위해 자극적으로 성적 노출 장면을 내보내거나 폭력 장면들을 방송합니다. 나중에 광고를 짚으며 더 자세히 언급하겠지만, 광고는 방송사에겐 '돈줄'이나 다름없습니다. 더 많은 광고 수입을 얻기 위해서라면 어떤 수단을 써서라도 시청률을 높이고 싶겠지요.

텔레비전은 정치다

이산가족 찾기와 선정적 프로그램을 보기로 텔레비전의 힘을 살펴보았는데요. 텔레비전은 정치적 변화에도 깊은 영향을 끼칩니다. 바로 선거 방송인데요. 국가의 정책을 책임지는 대통령을 뽑는 선거에 방송은 아주 중요한 미디어이지요. 대다수 유권자들이 즐겨 보는 텔레비전을 통해 대통령 후보들이 토론을 벌이니까요.

유권자인 국민은 안방에서 후보들의 얼굴을 보며 그들이 토론하는 걸 듣고 누구를 대통령 자리에 앉힐까 저울질하지요. 과거에 왕을 맏아들이 세습해 온 군주제도에 비하면 참으로 놀라운 변화입니다. 대통령 후보들이 마주한 토론을 볼 수 있는 것은 텔레비전이라는 미디어가 있기 때문에 가능한 일입니다.

대통령 선거에 텔레비전 토론이 처음 도입된 것은 1960년입니다. 미국 대선에 나선 케네디(민주당)와 닉슨(공화당)이 맞대결한 토론이었지요. 이보다 앞서 1956년에 민주당 내 대선 후보 경선을 위한 텔레비전 토론이 ABC 방송 주관으로 마이애미 지역에서 처음 진행됐습니다. 하지만 1960년 케네디와 닉슨 두 대선 후보자의 토론회가 4회 연속으로 미국 전역에 방송되면서 지구촌 곳곳에서 텔레비전은 선거에 큰 영향을 끼치는 미디어로 자리 잡아 갔습니다.

그런데 이 대목에서 흥미로운 사실 하나를 놓치지 말아야 합니다. 지구촌에서 최초로 벌어진 대통령 후보자의 토론회를 방송으로 본 유권자들의 판단이 미디어 자체의 성격에 따라 달랐거든요. 라디오로 들었는가, 텔레비전으로 보았는가의 차이는 정반대의 결과로 나타났어요.

텔레비전으로 본 유권자는 토론회에서 케네디가 더 잘한 것으로 본 반면, 라디오로 토론회를 들은 유권자는 닉슨이 더 잘했다고 판단했지요. 신문들은 텔레비전에 나온 케네디의 모습이 닉슨보다 생동감 있게 다가왔고 호감을 주었다고 분석했습니다. 실제로 닉슨은 케네디와 네 살 차이밖에 없었지만 화면에서 보기엔 나이가 더 들어 보였고 힘이 없어 보였지요. 결국 그 선거에서 케네디가 당선됩니다.

케네디와 닉슨의 토론 이후 미국 대선에서 후보 토론은 중요한 정치 과정과 제도로 자리 잡았습니다. 대통령 후보와 유권자를 직접 연결한다는 점에서 직접 민주주의로 한 걸음 나아간 것이라는 평가도 나왔지요.

물론, 텔레비전 토론을 비판하는 사람들도 많습니다. 케네디와 닉슨의 사례에서도 볼 수 있듯이 얼굴 생김새를 비롯한 이미지가 투표에 결정적으로 작용한다는 지적이 대표적이지요. '이미지 정치'의 폐해가 나오는 이유이기도 합니다. 짧은 시간에 정치와 사회 전반에 걸쳐 너무 많은 사안에 대한 질문과 대답으로 토론이 이루어지기 때문에 진정한 토론이라고 볼 수 없다는 비판도 있습니다. 모두 무시만 할 수 없는 문제점이지요. 그럼에도 대선 후보들의 텔레비전 토론은 앞으로도 지속될 게 분명합니다. 토론에서 나타난 문제점들은 최대한 개선해 나가야 옳겠지요.

한국에선 1960년대와 70년대, 80년대 내내 군부가 정권을 잡고 있었기에 텔레비전 토론은 상상하기 어려웠습니다. 1987년 6월 민주 항쟁으로 국민이 대통령을 직접 뽑는 선거제도가 마련된 다음에야 길이 열리기 시작했지요. 1987년 12월에 실시된 13대 대통령 선거는 우리 역사상 처음으로 대통령 후보자와 후보를 지지하는 연설원이 방송에 나와 직접 득표 활동을 벌였습니다. 이어 1992년 12월 대선에선 보수적 언론인 모임인 관훈클럽이 당시 14대 대통령 선거에 출마한 민자당 김영삼, 민주당 김대중, 국민당 정주영 후보를 차례로 초청해 개최한 토론회를 KBS, MBC 텔레비전이 녹화 중계하고, CBS 라디오가 생중계했습니다. 하지만 이때도 후보 사이의 토론은 이뤄지지 못했지요.

한국에서 텔레비전 토론 규정을 선거법에 명문화하여 처음 도입한 것은 1995년 제1회 지방 선거였습니다. 그전까지 대통령이 임명하던 지방자치 단체장을 그 지역의 주민들이 뽑게 되면서 후보들의 텔레비전 토론을 도입했지요. 서울시장 선거를 비롯해 시·도지사 선거 후보자 토론회가 처음 실시되었습니다.

대통령 선거에서도 마침내 1997년 12월 대선을 앞두고 후보자들의 텔레비전 토론이 합의되었습니다. 당시 공영 방송사 주관으로 텔레비전 대담·토론회 규정을 신설하고 선거방송 토론위원회를 구성하여 텔레비전 합동 토론회를 실시했지요. 그 뒤 대통령 선거를 비롯해 공직 선거에서 텔레비전 토론은 법으로 의무화되었습니다. 공직 선거법의 선거 방송 조항은 민주주의 수준에 걸맞을 정도로 깔끔하게 정리되어 있습니다.

텔레비전 토론은 이미 한국 대선에서 법적·제도적으로 뿌리내렸습니다만, 토론이 꼭 선거 때만 필요한 것은 아니지요. 대통령을 뽑는 선거와 선거 사이의 5년 동안 국정에 대해 어떤 토론도 할 수

공직 선거법의 선거 방송 조항(대통령 선거 부분)

제82조의 2(선거 방송토론위원회 주관 대담·토론회)

① 중앙 선거방송 토론위원회는 대통령 선거 및 비례 대표 국회의원 선거에 있어서 선거 운동 기간 중 다음 각호에서 정하는 바에 따라 대담·토론회를 개최하여야 한다.

1. 대통령 선거

후보자 중에서 1인 또는 수인을 초청하여 3회 이상

④ 각급 선거방송 토론위원회는 제1항 내지 제3항의 대담·토론회를 개최하는 때에는 다음 각호의 어느 하나에 해당하는 후보자를 대상으로 개최한다. 이 경우 각급 선거방송 토론위원회로부터 초청받은 후보자는 정당한 사유가 없는 한 그 대담·토론회에 참석하여야 한다.

1. 대통령 선거

가. 국회에 5인 이상의 소속 의원을 가진 정당이 추천한 후보자

나. 직전 대통령 선거, 비례 대표 국회의원 선거, 비례 대표 시·도의원 선거 또는 비례 대표 자치구·시·군 의원 선거에서 전국 유효 투표 총수의 100분의 3 이상을 득표한 정당이 추천한 후보자

다. 중앙선거관리위원회 규칙이 정하는 바에 따라 언론 기관이 선거기간 개시일 전 30일부터 선거 기간 개시일 전일까지의 사이에 실시하여 공표한 여론 조사 결과를 평균한 지지율이 100분의 5 이상인 후보자

⑤ 각급 선거방송 토론위원회는 제4항의 초청 대상에 포함되지 아니하는 후보자를 대상으로 대담·토론회를 개최할 수 있다. 이 경우 대담·토론회 시간이나 횟수는 중앙선거관리위원회 규칙이 정하는 바에 따라 제4항의 초청 대상 후보자의 대담·토론회와 다르게 정할 수 있다.

⑩ 공영 방송사는 그의 부담으로 대담·토론회를 텔레비전 방송을 통하여 중계 방송하여야 하되, 대통령 선거에 있어서 중앙 선거방송 토론위원회가 주관하는 대담·토론회는 오후 8시부터 당일 오후 11시까지의 사이에 중계 방송하여야 한다.

없다면 민주주의는 성숙하기 어렵겠지요. 텔레비전 방송사들이 시사 토론 프로그램을 만들어 방영하는 이유는 토론을 일상화하기 위해서입니다.

시사 토론 프로그램의 역사는 대선 후보자들 토론보다 더 오래되었습니다. 이미 KBS 개국 이듬해인 1962년 〈TV 응접실〉이 만들어졌고 그 이후 텔레비전 토론 프로그램들이 이어져 왔습니다. 1980년대 초기에 KBS의 〈90분 토론〉이나 〈8시에 만납시다〉, MBC의 〈이야기 좀 합시다〉와 같은 토론 프로그램이 있었고, 80년대 중반 들어 KBS의 〈금요 토론〉, 〈시청자 토론〉과 MBC의 〈일요 토론〉, 〈일요 광장〉이 편성됐지요.

하지만 당시의 토론 프로그램들은 서로 비슷한 견해를 지닌 사람들의 좌담으로 시청자를 '계도'한다는 차원에 머물고 있었습니다. 방송사에 대한 정치권력의 영향력이 절대적인 상황이었기에 한계가 또렷했지요. 토론다운 토론 프로그램이 선보인 것은 1987년 6월 민주 항쟁 이후입니다. KBS의 〈심야 토론〉이 그해 10월에 처음 문을 열었지요. 초기에는 사회자가 노골적으로 한쪽 의견을 편들어 시청자들로부터 빈축을 샀습니다만, 나라 전체에 민주화가 진전되면서 토론 프로그램에서 서로 다른 견해들 사이의 대화를 볼 수 있게 되었습니다.

시사 토론 프로그램에 새로운 활력을 불러온 깃은 MBC 〈100분 토론〉이었지요. 1999년 언론 개혁을 주제로 처음 문을 연 〈100분 토론)은 그 뒤 가장 영향력 있는 토론 프로그램이 되었고 다른 방송사들도 시사 토론 프로그램을 적극 만들어 갔습니다.

지금까지 텔레비전이 우리 생활에 끼치는 영향을 여러모로 살펴보았는데요. 텔레비전이 미디어로서 지닌 중요성을 실감할 수 있었지요. 물론, 문제점도 살펴보았습니다. 시청률 경쟁을 의식한 선정적 화면은 지금도 해소되지 않은 문제입니다.

그런데 텔레비전의 문제점은 비단 선정성에 머물지 않습니다. 우리가 텔레비전을 바로 보아야 할 이유입니다. 다음 장에서 자세히 살펴보죠.

지상파 채널, 종편 채널, 케이블 채널의 차이는 무엇인가요?

흔히 '공중파' 방송이라 하고 일부 신문에서 아직도 그렇게 쓰고 있지만 '지상파'가 정확한 표현입니다. 방송 관련 법률에서도 그렇게 쓰고 있지요. 지상파 채널은 지상에서 송신되는 전파를 이용해 방송하는 채널로 텔레비전 수상기가 있는 모든 곳에서 무료로 시청할 수 있습니다. KBS, MBS, SBS, EBS가 그렇지요. 지역 민영 방송도 마찬가지입니다.

반면에 케이블 채널은 유선 방송으로 유료로만 볼 수 있습니다. 지상파와 달리 케이블 가입 신청을 해야 하고, 매달 일정액을 내야 합니다. 케이블 채널은 특정 프로그램을 전문으로 방송하는데요. 가령 영화 전문, 만화 전문, 오락 전문, 종교 전문 채널들이 있지요. 케이블 가운데 드라마와 시사, 교양을 비롯해 모든 장르의 프로그램을 고루 편성할 수 있는 방송을 '종합 편성' 채널이라고 합니다. 줄여서 '종편' 채널이라 부르지요.

우리나라에서 종합 편성이 가능한 채널은 지상파였지만 2011년 12월 1일 종편 채널 4곳이 문을 열었습니다. 〈조선일보〉, 〈중앙일보〉, 〈동아일보〉와 〈매일경제신문〉이 각각 TV조선, JTBC, 채널A, MBN을 선보였지요. 각 종편 채널은 뉴스 보도는 물론, 드라마도 방송하고 오락 프로그램도 편성하고 있습니다.

종편 채널 선정을 둘러싸고 찬반 논쟁이 크게 일었어요. 찬성 쪽에선 미디어 산업 발전을 위해서라고 주장했고 반대쪽에선 신문 대기업이 방송까지 갖게 되면 우리 사회의 여론 다양성이 위험하다고 맞섰습니다. 결국 국회에서도 합의를 이루지 못한 채 2009년 7월에 이명박 정부와 한나라당은 야당을 따돌리고 편법-날치기 처리라고 하지요-으로 관련 법안을 통과시켰습니다.

시청률 조사는 어떻게 하나요?

시청률은 주어진 시간에 얼마나 많은 사람이 어떤 TV 방송을 시청하는가를 백분율로 나타낸 수치인데요. 가령 어떤 드라마가 시청률 40퍼센트를 기록했다고 하면, 텔레비전 수상기가 있는 열 집 가운데 네 집꼴로 그 시간에 그 드라마를 보았다는 뜻입니다. 그 많은 시청자들을 어떻게 다 조사할까 궁금하겠지요. 물론 모든 시청자들을 조사하지 않습니다. 표본 조사로 하지요. 조사 방법에는 전화 조사, 일기 방식 조사, 기계 장치를 이용한 방법이 있는데요.

전화 조사는 전화번호부에서 무작위로 전화를 걸어 조사 대상자에게 현재 시청하고 있는 프로그램이 무엇인지를 묻는 방식입니다. 일기 방식 조사는 일주일 정도의 프로그램을 나열한 설문지를 미리 나누어 주고 매일매일 시청한 채널과 시간대를 기록하게 한 다음에 받는 방법이지요. 요즘은 거의 모든 나라가 기계 장치를 이용한 방법을 쓰고 있습니다. 피플미터 people meter 조사법이라고 하는데요. 표본으로 선정된 가구의 TV 수상기에 피플미터라는 전자 감응 장치를 달아 이 장치가 중앙의 컴퓨터로 보내는 자료를 자동 집계합니다. 텔레비전을 켜고 끄는 것은 물론 어떤 채널을 보고 있는지를 컴퓨터가 자동으로 체크해 모든 프로그램의 주간 평균을 계산합니다.

우리나라의 시청률은 닐슨미디어리서치와 TNS미디어코리아라는 세계적 기업이 조사하고 있는데요. 피플미터를 설치해 놓은 표본 집단이 서로 다릅니다. 표본은 인구 통계를 바탕으로 각 가정의 TV 보유 대수, 가족 수, 소득 수준, 성별, 연령, 지역과 같은 세밀한 분류에 따라 추출하는데요. 시청률 조사 결과가 다를 때가 많습니다. 따라서 시청률을 근거 없다고 볼 일은 아니지만 100퍼센트 믿을 이유는 없겠지요.

6장

텔레비전은 공정할까요?

모든 방송사는 자신들이 공정하다고 선언합니다. 그것은 방송사들의 자기주장에 그치는 게 아닙니다. 방송은 공정해야 한다고 법률로 명문화되어 있습니다. 방송법 제6조의 제목이 '방송의 공정성과 공익성'이거든요. 6조는 첫 ①항에서 방송이 공정해야 한다고 못 박고 있습니다.

그럼 방송사들은 실제로 공정할까요? 그런 질문을 던지면서 방송을 보아야 텔레비전이 새롭게 다가옵니다. 호기심도 새록새록 생겨나지요. 그 질문에 답하려면 가장 먼저 따져 보아야 할 게 있어요. 공정이란 무엇인가가 그것입니다. 모든 방송이 자부하고 선언하는 공정의 뜻은 과연 뭘까요?

더러는 공정의 기준은 그것을 말하는 사람에 따라 다르다고 주장합니다. 상대주의라는 논리를 펴기도 하지요. 무엇이 공정인가를 정의하는 일은 물론 쉽지 않습니다. 하지만 그렇다고 해서 누구든 자신의 주관에 따라 공정을 주장해도 다 옳은 것은 아니겠지요. 그렇다면 세상에 대해 더 탐구할 필요가 없을 거예요.

언론이 지켜야 할 소수자의 권리

공정이 무엇이지 최선을 다해 꼼꼼하게 따져 보아야 합니다. 공정의 의미를 둘러싸고 여러 견해가 있다면 보편적으로 합의하고 있는 국어사전의 뜻에서 출발할 필요가 있지요. 국어사전에 공정公正을 찾아보면 '공평하고 올바름'으로 풀이해 놓았어요.

먼저 '공평'부터 짚어 볼까요. 공평은 갈등 당사자 양쪽의 의견을 균형 있게 반영한다는 걸 뜻합니다. 공평이란 한자어 '公平'이나 영어 'impartiality'뜻 그대로이지요. 어느 한쪽으로 치우침이 없는 것을 이릅니다.

그런데 공정의 사전 정의에는 공평에 더해 '올바름'이 있지요. 올바름은 무엇이 옳은 것인가를 판단해야 하는 정의justice의 개념입니다. 따라서 공정은 공평과 올바름을 아우르고 있다고 보아야겠지요. 따라서 어느 한쪽에 치우침이 없는 공평한 방송은 소극적인 의미에서 공정하다고 볼 수 있겠지만, 공평에 더해 올바름까지 담아야 비로소 온전한 의미의 공정 인론이 될 수 있습니다.

그렇다면 이제 올바름이 무엇인가를 짚어야겠지요. 과연 무엇이 올바름일까요? 여러 가지 정의가 가능하겠지요. 그런데 방송사와 신문사에서 일하는 사람들 사이에 오랜 전통으로 내려온 올바름의 가치가 있습니다. 한마디로 말하면 '억강부약抑強扶弱'이지요. '강한 자를 누르고 약한 자를 도와줌'을 뜻하는 한자 성어입니다.

억강부약의 가치는 중견 언론인들의 모임인 '관훈클럽'이 펴낸 『한국 언론의 좌표: 한국 언론 2000년 위원회 보고서』에서도 다음과 같이 명문화해서 강조하고 있습니다.

언론의 공정성은 어떠한 편견이나 선입관 또는 잘못된 관점을 지녀서는 안 된다는 것을 의미하는 동시에 사회 소수 계층의 의견을 대변하고 그들의 이익을 옹호해 주어야 한다는 것을 뜻하기도 한다. 언론이 편견으로부터 자유로워야 한다는 것이 어떤 입장이나 의견에 대한 반대 입장이나 의견을 허용해야 한다는 의미라면, 언론이 소수의 의견이나 이익을 대변하고 옹호해야 한다는 것은 진정한 민주주의의 미덕이 소수의 권리를 지속적으로 보장해 주어야 한다는 데서 비롯되는 것이다.

이 보고서는 더 나아가 "특히 한국 언론은 중산층을 주된 소비자로 상정하고 있는 한편 언론인 자신들도 중산층에 편입되어 있어 주로 중산층의 의견을 대변하고 그들의 이익을 옹호"한다면서 "그 결과 자연스럽게 소수 계층의 의견과 이익은 구조적으로 배제"되고 있다고 분석합니다.

조금 어려운 말이지요. 이해하기 쉽게 찬찬히 다시 읽어 봅시다. 중산층이란 말은 흔히 쓰는 말이지만 정확한 뜻을 알기란 쉽지 않지요. 국어사전을 찾아보면 중산 계급과 같은 말이라고 소개한 뒤 "재산의 소유 정도가 유산 계급과 무산 계급의 중간에 놓인 계급. 중소 상공업자, 소지주, 봉급생활자 따위가 이에 속한다"고 풀이해 놓았습니다.

의문은 더 생기겠지요. 그렇다면 어느 정도의 재산을 소유해야 중간일까? 이 문제 또한 학자들이 기준을 정해 놓은 게 있습니다. 중산층은 한 나라의 모든 가구를 소득순으로 나열한 뒤, 한가운데에 있는 가구 소득(중위 소득)의 50~150퍼센트 범위에 속한 가구를 뜻합니다. 그럼 중위 소득 50퍼센트 미만인 가구는 무엇일까요? 빈곤층입니다. 중위 소득 150퍼센트 이상인 가구는 고소득층이지요.

그러니까 관훈클럽의 진단에 따르면 방송을 만드는 사람들은 중산층에 속하기 때문에 중산층을 자연스럽게 대변함으로써 빈곤층이나 소수 계층의 의견과 이익은 배제됩니다.

사실 지상파 방송사에서 일하는 사람들의 소득은 단순히 중산층 수준에 머무는 게 아니라 이미 고소득층이거나 그에 가깝습니다. 빈곤층의 이야기를 담기는 더 어려워졌다고 볼 수 있지요.

물론, 고소득층이나 중산층에 속한 방송인이라고 해서 빈곤층을 조명하지 못한다는 말은 성립되지 않지요. 얼마든시 비판 의식으로 사회적 소수 계층의 의견을 존중하면서 그들의 이익을 옹호하는 보도를 하고 프로그램을 제작할 수 있습니다. 문제는 흐름입니다. 방송인들이 중산층 이상으로 살다 보면 자연스럽게 그 아래쪽에서 살아가는 사람들이 경험할 삶의 절박함에서 멀어질 수밖에 없으니까요.

여기서도 우리의 궁금증은 더 나가야 합니다. 방송이 공정해야 하고 그 공정의 핵심이 억강부약이라는 데 동의하더라도 의문은 남죠. 왜 억강부약을 해야 할까? 왜 강한 자를 누르고 약한 자를 도와줘야 할까? 그것이 공정의 핵심 가치라는 데에 합의가 이뤄져 있는 것은 무엇 때문일까? 왜 방송법에도 "방송은 상대적으로 소수이거나 이익 추구의 실현에 불리한 집단이나 계층의 이익을 충실하게 반영하도록 노력하여야 한다"라고 명문화해 놓았을까(방송법 6조 5항)라는 질문이 나올 수 있지요.

실제로 방송이 약자의 이익을 반영해야 한다는 주장에 정면으로 반대하는 사람들이 적지 않거든요.

왜 텔레비전 드라마에는 회장님만 나올까?

자, 그럼 우리도 정리해 보죠. 방송을 비롯한 언론이 왜 사회적 약자를 대변해야 할까요? 사회적 약자에게 연민을 느끼거나 동정해서일까요? 전혀 아니지요. 누구도 다른 사람에게 연민의 대상이 되거나 동정받고 싶지 않겠지요.

사회적 약자나 '소수 계층'의 이익을 충실히 반영해야 할 가장 큰

방송법 제6조(방송의 공정성과 공익성)

①방송에 의한 보도는 공정하고 객관적이어야 한다.

②방송은 성별·연령·직업·종교·신념·계층·지역·인종 등을 이유로 방송 편성에 차별을 두어서는 아니 된다. 다만, 종교의 선교에 관한 전문 편성을 행하는 방송 사업자가 그 방송 분야의 범위 안에서 방송을 하는 경우에는 그러하지 아니하다.

③방송은 국민의 윤리적·정서적 감정을 존중하여야 하며, 국민의 기본권 옹호 및 국제 친선의 증진에 이바지하여야 한다.

④방송은 국민의 알 권리와 표현의 자유를 보호·신장하여야 한다.

⑤방송은 상대적으로 소수이거나 이익 추구의 실현에 불리한 집단이나 계층의 이익을 충실하게 반영하도록 노력하여야 한다.

⑥방송은 지역 사회의 균형 있는 발전과 민족문화의 창달에 이바지하여야 한다.

⑦방송은 사회교육 기능을 신장하고, 유익한 생활 정보를 확산·보급하며, 국민의 문화생활의 질적 향상에 이바지하여야 한다.

⑧방송은 표준말의 보급에 이바지하여야 하며 언어 순화에 힘써야 한다.

⑨방송은 정부 또는 특정 집단의 정책 등을 공표함에 있어 의견이 다른 집단에게 균등한 기회가 제공되도록 노력하여야 하고, 또한 각 정치적 이해 당사자에 관한 방송 프로그램을 편성함에 있어서도 균형성이 유지되도록 하여야 한다.

이유는 다름 아닌 민주주의 사회의 기본 원리에서 비롯됩니다. 부 (경제력, 자본력)와 권력을 가진 사람들과 비교할 때 사회석 약자늘은 자신들의 생각을 표현하고 전달할 기회가 적을 수밖에 없잖아요. 따라서 그들의 생각을 표현하고 전달할 수 있는 제도적 보완이 필요합니다. 방송을 비롯한 언론이 바로 그런 일을 맡는 것이지요. 그래야 비로소 부와 권력을 가진 사람들과 어느 정도의 균형을 찾을 수 있으니까요. 따라서 방송이 사회적 약자의 이익을 반영하는 것이 법에도 명시되어 있는 것입니다.

문제는 텔레비전이 과연 그러한가에 있습니다.

가령 10대를 비롯해 한국인 대다수가 즐겨보는 텔레비전 드라마를 짚어 볼까요? 텔레비전이 꼭 선정적이고 폭력적인 장면만으로 우리의 삶에 부정적 영향을 끼치는 것은 아닙니다. 드라마를 보면 알 수 있지요. 선정적이거나 폭력적인 드라마도 있지만 잔잔한 연애를 다룬 드라마도 적지 않습니다.

그런데 어떻던가요? 드라마를 즐겨 보는 사람이라면 누구나 느낄 텐데요. 한국의 방송사들이 제작하고 방송하는 드라마 대부분은 주로 부잣집을 무대로 해서 펼쳐집니다. 전부는 아니지만 많은 드라마에 대기업 회장을 비롯한 고소득층의 아들이나 딸이 주인공으로 나오지요. 성격은 괴팍하거나 건방지지만 그래도 순수하게 그려집니다. 주인공이니까 외모에는 저마다 자신 있을 연예인이 연기를 하면서 시청자들에게 호감을 주기 십상이지요.

더구나 그 대기업 회장의 자녀는 언제나 가난한 서민의 자녀와 연애를 합니다. 그 과정에서 대기업 회장 집안에서는 결혼을 반대하고 그 갈등이 드라마를 전개시켜 나가는 핵심 소재가 됩니다. 구체적인 내용들은 조금씩 달라도 거의 비슷한 생각을 담은 드라마들이 지금 이 순간에도 텔레비전에 방송되고 있을 게 분명합니다.

그런데 실제 생활에서 그런 일은 얼마나 일어날까요? 20년 넘게 신문기자 생활을 한 제가 알기로는 30대 대기업 회장의 딸이나 아들 가운데 '서민'의 자녀와 결혼한 사람은 드뭅니다. 문제는 그 20여 년 동안에 한국의 텔레비전들에 방영된 수백여 편의 드라마가 대기업 회장과 서민이 사돈을 맺는 이야기를 마치 일상처럼 그렸다는 데 있습니다.

그것은 단순히 드라마 취향의 문제에 그치지 않지요. 한국인들 대다수는 어렸을 때부터 부자 편향의 드라마를 보고 자랍니다. 그런 드라마를 10대 초반에 보기 시작해서 30~40년 내내 반복해서 시청할 때 그 사람의 마음속에는 어떤 생각이 뿌리내릴까요? 특히 10대에 끼칠 영향을 분석해 봅시다.

첫째, 그 드라마를 시청하는 10대들에게 알게 모르게 '신데렐라 효과'를 심어 줍니다. 신데렐라는 프랑스의 동화 작가 샤를 페로가 쓴 『거위 아주머니 이야기』(1697)라는 책에 들어 있는 「상드리용Cendrillon」의 주인공입니다. 상드리용은 '재를 뒤집어쓰다'는 뜻인데요. 언제나 부엌 아궁이 앞에 앉아 일을 한다고 하여 붙여진 이름이지요. 그 말이 영어로 번역되면서 신데렐라Cinderella가 되었습니다. 신데렐라는 계모로부터 온갖 구박을 받으면서 힘든 집안일을 하지요. 그런데 신데렐라 이야기는 그보다 800년이나 앞서 출간

된 당나라의 수필집 『유양잡조酉陽雜俎』에 나오는 예쉔葉限 이야기와 비슷합니다. 실크로드를 따라 동양과 서양을 오가던 상인들에 의해 퍼져 간 예쉔 이야기가 800년의 시간이 흘러 프랑스 작가의 동화로 부활했다고 합니다. 우리 옛이야기 '콩쥐 팥쥐'도 이와 비슷하지요.

아무튼 신데렐라는 계모로부터 구박받다가 갑자기 수직적으로 신분이 상승하는 이의 상징처럼 받아들여지고 있습니다. 한국 드라마가 퍼뜨리는 신데렐라 효과는 10대들이 미래를 꿈꾸는 데 알게 모르게 영향을 끼칩니다.

가난하거나 중산층인 부모에게 태어나 대기업 회장의 사위나 며느리가 되길 갈망하는 사람들이 생겨나거든요. 문제는 그런 꿈은 현실에서 이뤄질 수 없다는 데 있습니다. 앞서 말했듯이 실제로 그런 일은 일어나지 않거든요. 대기업 회장의 딸과 아들만 주인공이라는 비판이 나오자 방송사들은 종종 서민의 딸이나 아들들을 주인공으로 설정하기도 합니다. 그런데 드라마가 전개되면서 서민 출신의 주인공이 실제로는 대기업 회장의 잃어버린 아들이나 딸이라는 게 드러납니다. 계모로부터 구박받던 신데렐라 효과가 더 극대화한 모습입니다.

둘째, 드라마를 시청하는 모든 사람에게 돈에 대한 환상을 심어 줍니다. 돈이 많은 대기업 회장이나 부자들이 자신의 회사 직원이나 가난한 사람들에게 고압적으로 군림하는 장면들을 당연하고 자연스러운 일인 듯이 방송하지요.

돈만 있으면 모든 게 가능하고 행복할 수 있다는 통념은 수많은 10대들에게 자신의 꿈을 부자로 설정하게 했습니다. 동시에 대기업에서 일하는 노동자들 위에 고압적으로 군림하는 회장, 그 회장과 가족에게 아부만 일삼는 노동자들의 모습을 반복해서 볼 때, 시청자들인 국민들 사이에 노사 관계에 대한 올바른 인식이 싹틀 수 있을까요?

그런 드라마를 많이 보는 청소년들은 대기업의 권위주의적 노사 관계에 대한 아무런 문제의식 없이 자본을 많이 가진 사람들을 선망하며 커 나가기 십상입니다. 빈곤층의 자녀인데 알고 보니 대기업 회장의 자녀라는 '출생의 비밀'을 다룬 드라마가 늘어나면서 충격적인 일도 일어났습니다.

장시간 노동에 시달리면서도 커 가는 딸을 생각하며 삶의 보람을 느끼는 아빠가 밤늦게 집에 와서 잠든 딸을 보았을 때였지요. 딸을 눕히다가 옆에 있는 일기장을 보았답니다. 보지 않으려고 덮어 주던 순간에 '아빠'라는 말이 쓰여진 대목이 얼핏 스쳐 가 다시 폈다고 하지요. 그런데 그 일기장에는 "우리 아빠가 친아빠가 아니었으면 좋겠다. 사실 나는 사장님 딸인데 어렸을 때 잃어버린 것은 아닐까"라는 글을 발견하고 그 아빠는 온몸이 허물어지는 슬픔에 잠겼답니다.

드라마가 어린 시절부터 삶의 가치관에 얼마나 깊숙한 영향을 끼치는가를 확연하게 보여 주는 사례입니다. 그런 사실을 모르고 드라마를 볼 때 우리는 텔레비전의 영향력 아래 놓이게 됩니다. 아울러 텔레비전에 나오는 연예인들을 한없이 선망하거나 그들을 '우상'으로 따르게 되지요.

텔레비전이 보여 주지 않는 것

물론, 우리에게 좋은 교훈을 주는 드라마들도 분명 있습니다. 하지만 적어도 한국의 텔레비전 채널들이 사회적 약자의 고통을 조명하거나 그들의 이익을 반영하는 드라마를 방송하고 있다고 보기는 어렵습니다. 오히려 사회적 약자들은 드라마에서도 조명받지 못한 채 소외당하지요. 중산층 이상의 화려한 생활이 드라마의 주된 흐름입니다.

더 큰 문제는 비단 드라마에 그치지 않는 데 있습니다. 현대인들이 신문보다 더 많이 보는 텔레비전 뉴스도 사회적 약자들의 이익을 반영하지 않을 때가 많거든요. 아니, 오히려 사회적 약자를 억누르는 데 동조하거나 가세하는 뉴스들도 많이 나오지요.

보기를 들어 설명해 보죠. 2011년에 많은 사람들의 눈길을 모은 '희망 버스'가 있었지요. 그해 여름부터 가을까지 서울을 비롯한 전국 여러 곳에서 부산을 오갔던 '희망 버스'는 정리해고, 고용 불안, 비정규직 노동, 취업난에 시달리던 사람들에게 감동과 희망을 품게 했습니다. 부산의 오래된 기업인 한진중공업이 필리핀에 대규모 조선소를 짓고 그곳에서 주로 배를 만들면서 문제는 시작됐습니다.

한진중공업은 부산 조선소에서 젊었을 때부터 일해 온 노동자 400명을 갑자기 정리해고하겠다고 일방적으로 통보했지요. 필리핀에선 한국 노동자들보다 훨씬 적은 임금을 주고 배를 만들 수 있기 때문입니다.

적잖은 기업들이 국내 공장을 동남아시아나 중국으로 옮겼고 지금도 옮기려고 합니다. 하지만 그렇게 될 때, 국내 노동자들은 일자리를 얻기 힘들게 되고 장기적으로 국가의 경제적 기반이 약화할 수밖에 없겠지요. 그래서 한진중공업 노동자들은 해고에 반대하며 파업에 들어갔어요. 특히 그 회사 출신으로 예전에 해고되었고 그 뒤 줄곧 부산 지역에서 민주 노동운동을 벌여온 50대 초반의 여성 노동자 김진숙이 크레인에 올라가 장기간 고공 농성에 들어갔습니다.

'희망 버스'는 노동자들을 멋대로 해고하지 말라며 몇 달째 고공 농성을 벌이던 김진숙에게 힘내라는 뜻에서 평범한 시민들이 모여 함께 버스를 타고 부산의 농성장을 방문하는 행사였습니다. 〈한겨레〉는 309일간 고공 크레인 농성을 통해 노동 문제에 대한 관심을 불러일으키고 사회적 연대의 소중함을 일깨운 김진숙을 2011년 '올해의 인물'로 선정했고, 그를 민나리 부산에 갔던 '희망 버스'에 대해 그해 한국 사회가 길어 올린 가장 값진 성과물이라고 높이 평가했습니다.

그런데 텔레비전은 '희망 버스'를 어떻게 보도했을까요? 가령 2011년 7월 9일과 10일 이틀간 진행된 '희망 버스' 행사를 지상파 방송사들이 어떻게 보도했는지 살펴보죠. 먼저 전국에서 200여 대에 가까운 버스를 타고 자발적으로 부산 한진중공업 영도조선소 앞에 모인 1만여 명의 시민들을 텔레비전 카메라는 철저히 외면했습니다. KBS, MBC, SBS 방송 3사의 뉴스 어디에서도 왜 그 많은 사람들이 주말의 휴식을 스스로 반납하고 멀리 부산까지 달려가서 한자리에 모였는지 알려 주지 않았어요. 방송 3사의 뉴스는 '희망 버스'가 아니라 몸싸움만 보여 주었습니다.

KBS는 7월 10일 〈뉴스9〉에서 "격렬 몸싸움…50명 연행"이라는 자막 제목 아래 "희망 버스 참가자들이 영도조선소로 진입하려고 하자, 경찰이 최루액이 든 물대포를" 쐈다거나 "연행하는 과정에서 격렬한 몸싸움까지 벌어졌다"고 보도하며 '희망 버스' 참가자와 경찰의 충돌 화면을 집중적으로 부각해 보여 줬습니다.

"그렇게 보도할 수도 있지 않은가?"라고 반문하고 싶은가요? 문제는 "참가자들이 영도조선소로 진입하려고 했다"는 보도가 명백한 오보라는 점입니다. 조선소가 있는 곳으로 가는 길목에서 이미 경찰이 최루액을 정조준해서 쏜 사실, 이른바 '진압' 과정에서 경찰이 방패를 휘두르고 발길질을 해 가며 무차별적으로 시민에게 폭력을 휘두른 사실은 보도되지 않았습니다. 단지 "경찰이 최루액이

든 물대포를 쐈다"거나 "격렬한 몸싸움까지 벌어졌다"고 가볍게 한마디 언급하고 가는 정도였지요.

MBC 〈뉴스데스크〉는 뉴스를 진행하는 앵커가 리포트를 읽는 단신 보도로 그쳤습니다. 참가자들과 경찰의 충돌 화면조차 없었지요. SBS 〈뉴스8〉도 한진중공업의 정리해고 철회를 요구하는 '희망 버스' 참가자들이 영도조선소로 진입하려다 경찰과 충돌했다고 보도했습니다. 이 또한 '희망 버스'가 조선소 진입을 시도하지 않겠다고 공식 선언한 사실을 모르쇠했습니다. SBS는 시위대와 경찰이 "치열한 몸싸움을 벌였다"고만 전했을 뿐, 경찰이 최루액이 든 물대포를 마구 쏘아 댄 사실은 보도하지 않았지요.

결국 방송 뉴스로 세상 돌아가는 상황을 파악하는 대다수 국민은 방송 3사 가운데 어떤 뉴스를 보았든 정리해고 철회를 요구하며 크레인에서 고공 농성을 벌이고 있던 김진숙을 화면에서 볼 수 없었습니다. 한진중공업이 정리해고를 단행한 직후에 주주들에게 174억 원에 달하는 배당금을 나눠 준 사실도 방송되지 않았어요. 그날그날 생업에 바쁜 기성세대나 학업에 열중할 수밖에 없는 청소년들은 '희망 버스'를 탄 사람들이 어떤 이들이며, 그들이 왜 부산까지 주말에 가게 됐는지 알 수가 없겠지요.

'희망 버스'와 관련한 텔레비전 뉴스의 가장 큰 문제점은 주주들에게 수백억 원을 배당하면서도 정직 그 조선소에서 일하는 노동자들을 단숨에 400명이나 해고하겠다고 나선 기업에 대해 아무런 비판 의식이 없었다는 데 있습니다.

사회적 약자인 해고 노동자들과 그들을 대변하는 민주 노동조합, 김진숙을 지지하는 '희망 버스'에 대해 방송이 적극 보도해 나가는 것은 무슨 이념의 문제 이전에 현행 방송법에 명문화된 규정에 따른 요구입니다. 공정 방송이 그것이지요. 텔레비전 뉴스가 과연 공정한가 하는 질문은 그래서 텔레비전을 시청할 때 늘 갖춰야 할 미덕입니다.

뉴스 나가는 순서는 어떻게 누가 정하나요?

흔히 방송 3사로 KBS, MBC, SBS를 꼽습니다. KBS는 저녁 9시에, MBC와 SBS는 저녁 8시에 '메인 뉴스'를 내보내고 있습니다. 아침 뉴스도 있고 심야 뉴스도 있지만 메인 뉴스에 가장 역점을 두지요. 다른 뉴스 시간대에도 메인 뉴스 내용을 중심으로 보완하거나 재구성합니다.

방송사에서 뉴스를 제작하는 기자들이 모여 있는 곳이 보도국입니다. 오락이나 교양 프로그램은 다른 국에서 프로듀서 중심으로 제작합니다. 방송사 보도국은 신문사 편집국과 얼추 비슷하지요. 정치, 경제, 사회, 국제, 문화, 체육 등등으로 나뉘어 있습니다. 기자들은 매일 자기가 맡은 영역에서 각자 취재 활동을 벌입니다. 기사를 쓰는 신문기자와 달리 방송기자들은 말로 보도하고 화면이 있어야 하기 때문에 카메라 기자들과 함께 움직입니다.

신문사 편집국이 지면의 한정 때문에 숱한 기사들 가운데 선택을 해야 하듯이 방송사 보도국도 마찬가지이지요. 9시 뉴스든, 8시 뉴스든 시간은 한정되어 있거든요. 그날 일어난 모든 사건을 카메라에 담을 수 없고, 또 담았다고 하더라도 메인 뉴스에 모두 방송되는 것은 아니거든요. 보도국장이 주재하는 부장 회의를 통해 어떤 사건을 톱뉴스로 보도할 것인가를 선택합니다. 뉴스 꼭지(아이템)들의 순서를 1위부터 마지막까지 배열하고 전체 뉴스 시간에 맞춰 각 아이템을 몇 분 보도할 것인가 결정하지요. 그 시간에 맞춰 정확하게 내보내야 뉴스에 이은 다른 프로그램의 시간을 맞출 수 있습니다. 보도국에서 뉴스 순서를 결정하는 것이 원칙입니다만, 실제 뉴스 제작 현장에선 방송사 안팎에서 권력과 자본이 영향력을 행사하기도 합니다.

방송 3사는 어떻게 다른가요?

방송 3사로 KBS, MBC, SBS를 꼽지만 성격이 다릅니다. KBS와 MBC는 공영 방송이고 SBS는 민영 방송이지요. 민영 방송은 자본력을 가진 기업인들의 사적인 소유물이기에 사영 방송이라고도 합니다. SBS와 달리 KBS와 MBC는 특정 기업인들의 소유가 아니라 공적 소유입니다. SBS의 사장을 최대 주주가 선임하는 것과 달리 KBS와 MBC를 책임지는 사장은 공적 기구를 통해 선임하지요.

현재 KBS는 여당과 야당이 추천한 11명의 이사들이 과반수로 사장을 추천하고 대통령이 임명합니다. MBC는 조금 달라 이사회인 방송문화진흥회가 사장을 추천해 주주총회에서 임명하는데요, 방송문화진흥회 또한 여야 추천으로 이사진을 구성하므로 큰 차이는 없습니다.

그런데 KBS 이사진 11명과 MBC 방송문화진흥회 이사진 9명을 결정하는 방송통신위원회 자체가 권력의 영향 아래 있습니다. 상임위원 5명 중 위원장을 포함한 2명은 대통령이 직접 임명하고, 나머지 3명은 국회가 의석수를 반영해서 추천하지요. 결국 집권당의 대통령이 두 공영 방송의 사장을 결정하게 됩니다. 그러다 보니 사장들은 임명된 뒤 자신을 선택한 대통령의 의중을 중시합니다. 가령 이명박 대통령은 후보 시절에 언론 담당 특별 보좌관이었던 사람을 KBS 사장으로 임명해 구성원들의 거센 반발을 샀습니다만 강행했습니다.

대통령이 임명한 공영 방송 사장은 방송사의 보도국 책임자들을 자신의 뜻에 맞는 사람으로 임명하게 되겠지요. 그러다 보면 KBS, MBC의 뉴스는 정치권력의 영향을 받아 비슷해집니다. 참고로 SBS는 민영이지만 바로 그렇기에 경제 권력인 자본의 영향을 받습니다.

7장

광고가 미디어라고요?

지금까지 우리 일상생활에 친구처럼 들어와 있는 인터넷과 신문, 텔레비전 속으로 함께 여행을 했습니다.

신문과 텔레비전이 과연 얼마나 진실하고 공정한가를 현미경으로 들여다보면서 매스미디어 여행의 발걸음이 조금은 무거워지지 않았을까 싶어서요. 쉬어 가자는 뜻에서 가벼운 문제를 던져 보겠습니다. 자, 다음 문제를 풀어 볼까요?

"우리가 숨 쉬는 공기는 질소와 산소 그리고 (   )로 이루어져 있다."

여기서 괄호 안에 들어갈 정답을 쓰려면 먼저 공기가 무엇인지 짚어야겠지요. 다 아는 말이지만 공기는 정말 무엇일까요? 그런 호기심이 '공부의 비결'입니다.

우리가 의식하고 있지 못하지만 공기도 물질입니다. 사전적 의미로 공기는 "지구를 둘러싼 대기 하층을 구성하는 무색투명한 기체"이지요. 참 고마운 물질입니다. 그것이 고마운 이유는 우리 인류의 삶, 아니, 모든 생태계와 직결되어 있기 때문이지요. 만일 공기空氣, air가 없으면 지구 표면은 격렬한 태양광·태양열·우주선·우주진에 직접 노출되고, 식물의 탄소 동화 작용은 물론 호흡이 이루어지지 않습니다. 생물이 존재할 수 없다는 뜻이지요. 소리가 공간에서 전파되지도 않아 당연히 방송이라는 미디어가 생겨날 수도 없습니다.

그 고마운 공기는 지구가 생길 때부터 형성되었습니다. 질소와 산소로 구성된 아주 가벼운 물질이지요. 부피로 보면 질소와 산소가 99퍼센트(질소 78.084%, 산소 20.948%)입니다.

눈에 보이는 모든 것이 광고다

여기서 다시 풀어야 할 문제로 돌아가 보죠. 괄호 안에 무엇이 들어갈까요? 정답이 '광고'라고 광고 전문가들은 입을 모읍니다. 광고를 연구하는 학자들이 광고가 얼마나 깊숙이 우리 일상생활에 자리하고 있는가를 알리기 위해 쓴 책에 나오는 대목입니다.

노파심에서 저어 둡니다만, 만약 저 문제가 과학 시험에 출제되었다고 한다면 당연히 아르곤(0.93%)과 이산화탄소(0.03%)가 정답이겠지요.

그럼에도 광고학자들이 정답을 '광고'라고 주장하는 데는 나름 대로 논리가 있습니다. 현대인이 하루에 만나는 광고는 600~3000 개에 이르니까요. 우리의 일상을 가만히 따지고 보면 모두 광고에 노출되어 있지요. 당장 큰길로 나가 보면 확인할 수 있어요.

달리는 버스나 지하철의 안팎, 큰 건물, 주차장, 사람들이 손에 쥔 종이컵이나 빨대에 이르기까지 사람이 모이고 사람의 눈길이 가는 거의 모든 장소와 물건에서 광고를 발견할 수 있는 사실에 새삼 놀라움을 느낄 거예요. 눈에 보이는 모든 게 광고인 현실은 도심에서만 볼 수 있는 게 아닙니다. 집 안에서도 마찬가지이지요. 인터넷, 텔레비전, 라디오, 신문이라는 미디어에 모두 광고가 자리하고 있으니까요.

광고를 바라보는 눈은 극과 극으로 갈립니다. 광고를 극찬한 사람으로 미국 대통령 루스벨트를 꼽는데요. 그는 "광고야말로 인간에 대한 깊은 이해를 드러낸다"면서 다시 태어나면 광고인이 되고 싶다고 말했습니다. 세계 초강대국의 대통령이 다시 태어나면 광고인이 되겠다고 한 토로는, 더구나 인간에 대한 깊은 이해를 광고에서 찾을 수 있다고 한 말은 광고와 관련한 일을 하는 사람들에게 자부심을 불러일으켰지요.

그런데 캐나다의 대학교수 폴레이는 "광고를 보는 것은 변기통에 머리를 처박는 것과 도덕적으로 비슷한 결과를 가져온다"고 경고했습니다. 세상에, 변기통에 머리를 처박는 것과 같다니요. 텔레비전 광고를 뚫어져라, 바라보는 사람들을 한번 떠올려 보세요. 왜 캐나다의 대학교수는 그것을 변기통에 머리를 처박는 것으로 표현했을까요?

그래서입니다. 광고를 바라보는 눈이 극과 극으로 갈리는 이유는 뭘까? 대체 광고의 정체는? 스스로 물어볼 필요가 있습니다. 결론부터 말해서 광고는 미디어입니다. 더러는 광고가 미디어라는 설명에 고개를 갸우뚱하지요. 그 의문을 해소하려면 광고가 무엇인지, 미디어가 무엇인지 점검해 보아야 합니다.

이미 살펴보았듯이 사전적 뜻으로 매스미디어는 '많은 사람에게 대량으로 정보와 사상을 전달하는 매체'입니다. 그렇다면 광고는 그 정의와 얼마나 부합할까요? 많은 사람에게 정보를 전달하는 것은 맞지요. 하지만 광고를 미디어라고 볼 수 있을까에 여전히 의문을 던지는 사람도 있을 겁니다.

당연합니다. 일단 광고는 신문이나 방송과 달리 물리적 매체를 갖고 있지는 않으니까요. 하지만 조금 더 살펴본다면 다른 결론을 내릴 수 있어요. 우리가 살펴본 신문, 방송, 인터넷에는 모두 광고가 들어가 있거든요. 그냥 들어가 있는 정도가 아니라 광고면, 광고 시간, 광고란을 별도로 확보하고 있습니다. 광고는 신문, 방송, 인터넷과 달리 특정한 물리적 미디어는 아니지만, 반면에 모든 미디어에 자기 영역을 갖고 있지요. 바로 그 점에서 광고는 더 '실속'

있고 영향력 큰 미디어라고 할 수 있어요.

광고advertising, 廣告의 사전적 의미는 '상품·서비스·의견·운동 등에 대중의 관심을 끌기 위해 사용되는 기술'입니다. 이 말은 1655년 영국에서 발행된 간행물에 처음 나타났는데요. 그 뒤 널리 쓰이게 되었지요. 어원은 라틴어 'advertere'입니다. '~으로 향하게 하다' 또는 '주의를 돌리다'라는 뜻이지요. 어원대로 정의하면 광고는 사람들의 관심을 끌어서 무엇인가를 알리는 행위입니다.

광고의 목적은 또렷합니다. 광고 내용에 대해 대중이 일정한 방식으로 반응하도록 설득하는 것이지요. 그 점에서 광고를 '설득의 예술'로 정의하기도 합니다.

물론, 대다수 사람들은 상품 판매를 촉진하는 것으로만 광고를 이해하지요. 현실에 비춰 틀린 것은 아니지만 전적으로 맞는 것도 아닙니다. 사람들로 하여금 안전 운전을 유도하거나 자선사업을 지원할 때, 또는 정치 후보자들을 놓고 투표할 때도 상품 광고와 비슷한 방법이 사용되니까요.

이집트 유물에 새겨진 광고

그렇다면 광고는 언제 어떻게 태어났을까요? 거슬러 올라가기 좋아하는 역사학자들은 광고의 기원을 고대 사회에서 발견합니다. 기원전 3000년 무렵에 바빌로니아에서 사원을 지을 때 쌓은 벽돌에 왕의 이름을 새긴 걸 광고의 시초라고 보지요. 이름 새긴 걸 광고로 보는 것은 너무 심하다고요? 그럼 기원전 136년의 이집트 비석(로제타돌)은 어떨까요? 비석에는 왕을 '태양의 아들'이라거나 '달의 아버지' 또는 '인간 행복의 수호자'라고 칭송하는 문자가 새겨져 있습니다. 왕의 업적을 널리 알리는 비석을 방방곡곡에 세운 것은 분명 광고에 가깝지요. 오늘날의 정치 광고와 유사하니까요.

로마 제국 시대에 화산 대폭발로 한순간에 잿더미로 변한 도시가 있지요? 그 유명한 폼페이입니다. 그곳을 찾아가 어느 순간 갑작스레 찾아온 폼페이 최후의 날이 남긴 유적을 살펴볼 때였지요. 벽에 빵 가게·우유 가게·여관을 표시한 글과 그림, 술집임을 암시하는 그림들을 볼 수 있었어요. 바로 그게 광고이지요.

1141년 프랑스의 베리^{Berry}라는 마을에는 당시 왕이었던 루이 7세의 허가를 받고 12명이 '회사'를 만들어 광고 일을 했다는 기록이 전해 오고 있습니다. 그 12명은 거리를 다니며 큰 소리로 외치면서 가게 선전을 해 주고 보수를 받았다지요. 그런 것을 구두口頭 광고라고 합니다.

비단 유럽에서만 발견되는 것은 아닙니다. 한국에서도 떡 사라며 밤에 돌아다니던 사람들이 많았고 주막을 알리는 표지도 곳곳에 있었지요. 중국 베이징의 역사박물관은 송나라 시대의 바늘 광고를 담은 청동제 동판을 전시하고 있습니다. 일본도 1487년에 그린 민속화를 전시하고 있는데 붓을 피는 상점의 간판이 보입니다. 이 모든 것이 광고가 오랜 옛날부터 인간의 삶과 얼마나 긴밀하고 생생한 관련을 맺어 왔는가를 보여 주는 흔적들이지요.

하지만 아무래도 우리가 보고 있는 광고의 탄생은 근대 사회에서 찾아야 옳습니다. 인쇄술이 발달하면서 신문에 앞서 책이 출간되었는데요. 교회가 발간한 『죽음의 기술』이라는 책이 있었습니다. 임종을 앞둔 이들을 돕기 위한 책인데요. 그 책에는 13개의 목판화가 있습니다. 그 가운데 하나에는 곧 죽음을 맞을 사람이 새겨져 있고, 그 사람의 주변에 악마가 서성거리고 있지요.

그런데 악마가 죽어 가는 사람에게 속삭이는 말이 흥미롭습니다. "너의 재산을 잘 지켜라"입니다. 대체 무슨 뜻일까요? 판화 그림 옆에 쓰인 본문 내용을 보면 명확하게 드러납니다. 지상에서 모은 모든 재산을 교회에 헌납하라고 쓰여 있거든요. 한 광고 전문가는 이 그림을 두고 "결국 이 이미지와 글은 죽음 뒤의 행복을 '약속'하고, 그것을 찾으라고 '설득'하고 있는 것"이라고 분석했지요. 타락한 교회가 스스럼없이 만든 광고입니다. 전 재산을 교회에 헌납하라는 메시지를 담은 미디어이지요.

사전적 정의를 다시 짚어 보세요. 광고는 이미지와 글을 이용해서 사람들에게 행복 또는 이익을 약속하고 그들의 마음을 설득하여 물건이나 서비스를 사거나 어떤 생각이나 사상에 동조하고 행동하도록 만드는 기술입니다. 미국의 광고학자 제임스 트위첼은 기업의 광고 전략과 종교의 전파 사이에 유사성을 발견했습니다. 종교가 죽은 다음의 세상에서 행복을 약속하는 반면, 광고는 지금 살고 있는 세상에서 행복을 약속한다는 점이 다를 뿐이라고 분석했지요.

구체적으로 살펴볼까요. 지금은 보기 어렵지만 미국 서부의 황량한 들판을 배경으로 카우보이가 등장하는 말보로 담배 광고가 있었어요. 그 광고는 말보로 담배를 피우면 거칠고 야성적인 남자가 될 수 있다는 약속을 은연중에 주고 있습니다. 그 남성적 세계로 들어오려면 말보로 담배를 사서 피우라는 '설득'이죠. 실제로 그 광고는 미국인뿐만 아니라 카우보이와 전혀 관련이 없는 나라들에서도 수많은 10대와 20대들을 '설득'하고 '유혹'했지요.

홍콩과 태국의 청소년들을 대상으로 미국의 대학교수 마빈 골드버그가 최근 조사한 연구에 따르면, 미국 담배 광고를 많이 접하거나 미국 영화를 많이 본 청소년일수록 흡연율이 높고 미국인들 대부분이 담배를 피운다고 생각한답니다. 광고의 영향력을 확인할 수 있는 연구이지요. 골드버그는 아시아 청소년에게 흡연이란 '미국 문화 흡수의 방편'이며, '매우 멋있는 것'이라고 분석합니다.

사회가 성숙하면서 담배가 폐암을 유발하기에 해롭다는 과학적 결론에 따라 여러 나라들이 줄을 이어 담배 광고를 금지한 것은 늦게나마 다행입니다. 기실 그런 결정을 내릴 만큼 광고 효과가 컸던 셈이지요.

문제는 담배에 그치지 않습니다. 지금 이 순간 주변에 있는 신문이나 잡지, 아니면 텔레비전이나 인터넷을 보세요. 대부분의 광고는 화사한 연인과의 즐거운 하루, 둘만의 아름다운 여행, 풍요로운 가정의 행복을 약속하고 있습니다. 실제로 그러한지는 별개의 문제이지요. 일단 사람들의 눈 또는 귀를 모으게 해서 그 상품을 사면 행복해질 수 있다고 '현혹'하는 것이 목적이니까요. 그것은 죽음을 앞둔 사람에게 교회에 모든 재산을 헌납하라는 교회의 광고, 그것도 사탄까지 등장시킨 광고와 성격이 비슷하다고 생각할 수 있겠지요.

광고의 기술은 신문, 방송이 대중매체로 성장하면서 급속도로 발달해 왔습니다. 이미 1869년 미국 필라델피아에서 광고 제작과 광고 대행을 전문으로 하는 회사가 설립되었지요. 20세기로 넘어가는 1899년에 이 회사는 비스킷 광고를 직접 제작해 사상 최초로 100만 달러 이상이 드는 광고 캠페인을 시작했습니다.

우리 돈으로 그 시기에 수십억 원이 들어간 건데요. 결과는 어떻게 되었을까요? 비스킷이 한 달에 1000만 개가 넘게 팔리는 대박을 터뜨렸습니다. 그 성공 사례를 계기로 20세기 접어들어 광고 산업은 비약적으로 발전합니다.

더구나 앞서 보았듯이 라디오와 텔레비전이 잇따라 출생하면서 광고는 전성기를 맞게 됩니다. 광고가 20세기 중반 들어 전성기를 맞는 데는 사회 경제적 변화가 배경으로 자리하고 있습니다. 무엇일까요?

대공황 이후 발전한 광고 산업

1920년대 말부터 본격화한 미국의 대공황이 그것입니다. 대공황이 일어난 것은 필연이었습니다. 상공인들이 중심이 된 자본주의 체제가 온 사회로 확대되면서 말 그대로 자본이 '주의(주된 가치)'가 되었고, 그 결과로 자본력이 큰 사람은 점점 더 부자가 되는 반면에 자본력이 없는 노동자는 점점 더 가난해지는 부익부 빈익빈이 심화되어 갔습니다. 자본이 집중돼 대기업에서 만드는 상품은 시장에 쏟아져 나오는데 노동하는 사람들인 국민 대다수가 가난해지면 어떤 일이 일어날까요? 정작 상품을 살 수 있는 경제적 여유를 갖춘 사람들이 줄어들 수밖에요. 바로 그 모순된 상황이 자본주의 체제의 경제적 파국, 곧 공황을 불러옵니다.

마침 자본주의를 근본부터 넘어서자는 사회주의 사상이 퍼져 가고 러시아 혁명이 성공(1917년)한 상황에서 세계적 대공황을 맞은 기업들은 자신들의 생산 체제가 유지될 수 있으려면 방향 전환이 필요하다고 판단했습니다. 나라 밖으로 상품 판매 시장을 넓히기 위한 제국주의 정책이 두 차례의 대전쟁(1, 2차 세계 대전)을 불러왔기 때문에 새로운 정책은 더 절실했지요. 노동자들에 호소력이 높은 사회주의 혁명의 확산을 막기 위해서라도 노동자들의 절실한 요구를 어느 정도 들어주면서 자본주의의 공황을 벗어날 묘안을 짜내려고 골몰했습니다.

그 고민의 귀결이 경제학자 케인스가 이론적 기초를 만든 '수정 자본주의'입니다. 자본을 가진 사람들은 자신들이 만든 상품을 노동자들이 살 수 있도록 노동자들의 임금(월급)을 어느 정도는 올려야 한다는 '깨달음'을 얻었지요. 국정을 담당한 정부 또한 자본주의 시장을 유지하려면 상품을 살 노동자들의 경제적 능력을 높여야 한다고 판단했지요. 모든 것을 시장에 맡기던 자본주의의 논리를 '수정'한 셈입니다.

수정 자본주의로 전환했다고 해서 임금이 오른 노동자들이 모두 소비에 나섰을까요? 그렇지는 않겠지요. 노동자들은 불확실한 미래를 대비하기 위해 여전히 소비보다는 저축을 했어요. 상식적인 선택이지요.

자본을 가진 사람들로서는 울화통이 치밀었겠지요. 돈을 더 주고 소비를 하라고 해도 소비하지 않을 때 어떤 방법이 있었을까요? 상품을 사라고 총칼로 위협할 수는 없지요.

노동자들이 비싼 자동차나 세탁기와 같은 가전제품, 라디오를 적극 구입하도록 '유도'하는 방법, 자발적으로 소비를 활성화하도록 만드는 방법을 마침내 찾았지요. 바로 광고라는 미디어입니다.

실제로 광고에 투자하면서 놀라운 효과가 나타났습니다. 가난한 사람들이 꼭 필요하지도 않은 사치용품을 할부(나중에는 카드)로 구입하는 일이 유행처럼 퍼져 갔습니다. 사실 지금도 무분별하게 카드를 긁어 대는 사람들을 우리 일상생활의 주변에서 흔히 볼 수 있지요. 지금까지 그런 세태를 당연하게 생각해 왔다면 이제 왜 그런가를-가령 꼭 필요하지도 않은데 왜 굳이 비싸거나 새로 나온 상품을 사려는 심리가 내게도 있는 것인지-깊이 성찰해 볼 필요가 있습니다.

수정 자본주의가 지배적 흐름이 되어 가던 시대에 때마침 라디오와 그에 이은 텔레비전의 등장으로 상품을 생산하는 사람들은 광고의 중요성을 더욱 실감했습니다. 광고는 그 자체가 초고속으로 성장하는 '미디어 산업'이 되었지요. 광고는 기업의 상품 판매(마케팅) 활동을 촉진하고 소비자의 경제적 의사 결정에도 큰 영향을 줍니다. 실제로 우리 대다수는 광고를 통해 특정 상품을 선택하고 있지요. 소비자들에게 정보를 준다는 점에서 광고는 유익한 미디어입니다.

상품이 넘치면서 광고 경쟁은 치열해질 수밖에 없습니다. 사람들의 눈길을 끌기 위해 더 재미있고 더 세련되게 발달해 왔지요. 소비자들의 생각과 갈망을 알아내려고 과학적 조사가 이루어졌고, 대학에서 광고를 전문으로 가르치는 학과들이 급증했습니다. 광고 제작을 창의적이고 예술적 활동으로 규정하고 연구하는 학자도 늘어나고 있지요. 그들은 광고를 '설득 커뮤니케이션'의 하나인 동시에 '재치와 아름다움으로 설득하는 예술'이라고 높이 평가합니다.

실제로 광고는 사람들의 눈을 사로잡고 귀에 쏙 들어오는 말을 많이 만들어 냅니다. 광고계 안팎에서 널리 퍼져 있는 일화가 있지요. 한 초등학교에서 출제한 시험 문제를 잠깐 맞춰 볼까요?

다음 중 가구가 아닌 것은 무엇일까요?
1. 탁자 2. 소파 3. 식탁 4. 냉장고 5. 침대

정답은 무엇일까요? 물론, 냉장고입니다. 그런데 이 간단한 문제에 90퍼센트가 틀린 답을 써냈다고 하더군요. 그 학생들이 서슴없이 써낸 답은 '침대'였습니다. 왜 그랬을까요? "침대는 가구가 아닙니다"라는 한 침대 회사의 광고 때문입니다.

틀린 초등학생 가운데는 광고와 방송 프로그램을 혼동해서 텔레비전에서 그렇게 말했다고 선생님에게 따진 친구도 있다고 합니다. 앞에서 "우리가 숨 쉬는 공기는 질소와 산소 그리고 (   )로 이루어져 있다"는 문제에 굳이 과학적 정답을 밝혀 둔 이유이기도 합니다.

텔레비전 프로그램과 광고의 경계가 불분명한 것은 초등학생의 잘못만은 아닙니다. 광고주들에겐 시청자들이 방송 내용과 광고를 혼동하는 것이야말로 꿈이겠지요. 어떤 드라마가 인기를 모으면 그 드라마에 붙는 광고에 드라마 주인공이 등장하는 모습을 흔히 볼 수 있습니다. 드라마에서 자신과 아이들을 두고 떠나려는 남편에게 애원했던 연예인이 곧이어 드라마에서 연기하던 모습과 똑같은 표정의 목소리로 화장품을 쓰라거나 보험에 들라며 권하

는 광고가 대표적인 보기이지요. 결과적으로 드라마에서 얻은 자신의 인기, 더 정확히 말해서 자신을 좋아하는 시청자들을 광고주에 팔아넘기는 일이지요.

그 밖에도 "가슴에 기대면 그늘이 되는 사람이 있다"거나 "자동차도 복통을 일으킨다"는 광고도 있었지요. 앞의 광고는 특정 맥주를 마시라는 호소, 뒤의 광고는 특정 윤활유를 구입하라는 경고를 세련되게 담고 있습니다. 광고를 만드는 일에 많은 기업인들이 투자를 하고 제작에 보람을 느끼는 광고인들이 늘어나는 이유도 여기에 있습니다.

광고와 이미지 신화

그런데 광고를 만드는 사람이 아닌 광고를 보는 시청자나 독자, 또는 소비자들이 유의할 대목들도 있습니다. 광고라는 미디어를 우리가 바로 보아야 할 이유인데요. 세 가지로 간추려 보겠습니다.

첫째, 광고가 우리가 함께 살아가는 사회의 부익부 빈익빈을 심화시킨다는 분석입니다. 일상생활에서 실감하기 쉽지 않지만 우리가 광고라는 미디어를 바라볼 때 반드시 짚어 보아야 할 문제입니다. 찬찬히 따져 보지요. 상식으로 판단해도 상품 소비를 촉진하는 광고를 하려면 돈이 들겠지요. 그렇다면 돈이 없거나 적은 사람이나 기업이 광고를 많이 할 수 있을까요? 그릴 수 없겠지요. 설령 한다고 하더라도 돈(자본)이 많은 대기업과 비교하기 어려울 게 분명합니다.

그 결과 대기업들은 지속적인 광고를 통해 소비자들의 선호도를 높이고 충성도 있는 시장을 만들어 냅니다. 반면에 자본력이 약한 신생 기업이나 중소기업들은 광고 시장에 적극적으로 참여할 수 없게 되어 상품 판매를 늘리는 데 제약이 있겠지요. 결국 독점이 심화될 수밖에 없다는 결론이 나옵니다.

더러는 광고가 기존 시장에 없었던 새로운 상품을 소비자들에게 소개해 주기 때문에 오히려 독점을 해소시킨다는 주장도 폅니다만, 그것은 예외적 현상이라고 보는 게 옳겠지요. 돈이 부족해 신문이나 텔레비전과 같은 매스미디어에 광고할 수 없는 기업들의 상품은 신뢰도와 경쟁력에서 대체로 공정하지 못한 대우를 받게 됩니다. 그로 인해 양극화가 이뤄지지요.

양극화의 논리는 간단합니다. 자본력이 있는 기업은 '광고 확대 → 매출 증가 → 광고 더 확대'의 선순환이 이루어지는 반면 자본력이 밀리는 중소기업은 '광고 축소 → 매출 감소 → 광고 더 축소'의 악순환이 이뤄지고 있습니다. 결국 부익부 빈익빈이 일어날 수밖에 없지요. 단순히 기업 사이의 양극화에 그치는 일이 아닙니다. 대기업에서 일하는 사람들과 중소기업에서 일하는 사람들이 받는 임금(월급) 격차를 점점 벌려 놓으니까요.

문제는 대기업에서 일하는 사람들은 전체 일하는 사람들 가운데 겨우 12퍼센트라는 데 있습니다. 중소기업에서 일하는 사람들이 88퍼센트이지요. 기업체 수를 보아도 한국의 전체 기업 가운데 대기업은 0.1퍼센트에 지나지 않습니다. 99.9퍼센트가 중소기업이지요. 대기업과 중소기업 사이에 격차가 계속 벌어지는 것은 한국에서 살아가는 모든 사람들의 생활이 부익부 빈익빈이 된다는 뜻입니다. 그 과정에 미디어로서 광고가 큰 몫을 하고 있다는 사실을 냉철하게 짚어야겠지요.

둘째, 광고가 소비를 촉진시켜 경제에 도움을 주는 것은 틀림없지만 굳이 필요하지 않은 물품들까지 소비하도록 유혹함으로써 과소비를 조장한다는 지적입니다. 광고는 소비자의 합리적인 소비를 막지요. 더구나 우리가 구입하는 상품의 '정가'에 광고비가 포함되어 있습니다. 그러니까 광고 모델들에게 지불하는 천문학적 비용은 사실 우리 호주머니에서 나가는 것입니다. 어떤 상품을 살 때, 우리는 광고 모델료를 비롯해 광고 제작비까지 지불하는 셈이지요.

기업은 자신들이 대량으로 생산하는 상품을 대량으로 판매하고 소비가 이루어지도록 하기 위해 광고를 적극 활용합니다. 대량 생산과 대량 소비가 계속 이어지려면, 지금 쓰고 있는 물품을 바꾸도록 만들어야겠지요. 입을 옷이 있고, 가전제품들을 다 갖췄는데도 새 옷을 사고 새 가전제품을 사도록 하는 무기가 광고입니다. 광고가 '유행'을 만들어 내는 데 앞장서는 이유도 여기에 있습니다. 유행을 만들어 멀쩡한 물품을 다시 사도록 하는 것이지요.

광고는 10대들이 유행에 민감하게 만들고 다시 그것을 부추겨 얼마 전에 산 멀쩡한 물품을 버리고 새것으로 사게 유혹합니다. 광고가 언제나 강조하는 새로운 이미지나 장밋빛 미래는 새 상품의 소비를 겨냥하고 있지요. 유행에 따라 새 상품을 구매하는 것이 성공한 삶을 살고 시대를 앞서가는 사람이라고 광고는 끊임없이 주입합니다.

셋째, 지나친 경쟁으로 일부 기업들은 허위·과장 광고를 서슴지 않으며 소비자에게 잘못된 정보를 제공하고 있습니다. 상품에 대한 광고 주장과 실제 상품 사이에 차이가 있는 걸 허위 광고라고 하지요.

노골적인 허위 광고는 곧장 잡아낼 수 있지만 이미지를 중심으로 한 광고는 무엇이 어디까지 허위인지 판단하기가 쉽지 않습니다. 공정거래위원회와 광고 자율 심의기구가 허위, 과장 광고를 규제하고 있지만 광고를 제작하는 기법은 점점 지능화해 가고 있어요. 소비자가 허위, 과장 광고에 쉽게 노출되고 있는 현실은 물품을 사는 소비자들의 주권을 침해하는 일이지요.

광고를 만들고 내보내는 사람들이 스스로 자율 규제에 나서는 이유도 장기적으로 그것이 광고를 위한 길이라고 판단해서입니다. 광고 산업의 주체인 광고주, 광고 대행사, 매체사들이 윤리 강령에 따라 스스로 광고를 사전 심의 혹은 사후 심의하여 자발적으로 규제해 가고 있지요.

광고계의 자율 기구들이 노력한 결과로 노골적인 문제점은 많이 개선되어 가고 있지만 그래도 유의해서 광고를 만날 필요는 있겠지요. 광고가 이미지로 우리에게 주는 '신화'가 있기에 더욱 그렇습니다. 미디어를 연구하는 학자들은 텔레비전이 만드는 '이미지 신화'를 꾸준히 분석해 왔는데요. 21세기인 지금 이 순간에도 우리 개개인에게 스며들고 있을 신화들을 정리해 보지요.

(1) 행복은 값비싼 물건으로 얻을 수 있다는 신화

우리가 여러 미디어를 통해 날마다 만나는 광고에 따르면 행복은 돈과 곧장 이어집니다. 초록색 정원이 우거진 저택이나 넓고 쾌적한 고급 아파트, 그 안의 호화스럽고 고풍스러운 가구들, 새롭고 반짝이는 생활용품, '미녀'가 기대어 있는 자동차, 환상의 해외여행 티켓, 마음속 사랑을 전하는 보석들을 갖추면 행복한 삶이라는 신화가 형성되지요.

상품 광고에 등장하는 사람들을 당장 떠올려 보세요. 언제나 행복으로 가득한 표정에, 자신을 사랑해 주는 사람들에 둘러싸여 있고, 주체할 수 없을 만큼 삶의 기쁨을 만끽하고 있는 풍경으로 그려지지요.

그런 광고를 보면 어떤가요? 우리는 우리도 모르게 자신의 삶에는 무엇인가가 부족하다는 생각을 하기 십상이지요. 광고가 알려 주는 상품들을 소비함으로써 그 부족을 채울 수 있다고 판단하게 됩니다. 값비싼 자동차를 무리해서 할부로 구입하는 것도 행복한 삶의 대열에 들어가고 싶은 욕망이지요. 하지만 과연 그럴까요? 호화 아파트에 값비싼 보석을 지닌 사람들은 정말 행복한 삶을 살아가고 있을까요?

(2) 우리의 외모는 아름답지 않다는 신화

신문과 잡지, 텔레비전, 인터넷 광고에 나오는 여성과 남성들을 확인해 보세요. 대부분 서양 백인의 미적 기준에 맞춰져 있습니다. 더구나 사람들의 눈과 귀를 모으기 위해 선정적인 자세를 경쟁적으로 광고에 담지요. 특히 여성의 몸을 상품화한 광고가 늘어나고 있습니다. 흔히 '섹스어필 광고'라고도 하는데요. 화장품이나 패션, 술, 보석, 구두 광고에 두드러집니다. 가전제품과 자동차, 아파트 광고에도 여성의 몸이 어김없이 등장하지요.

상품의 특성과는 무관하게 소비자의 눈을 끌기 위해 광고 모델의 자세, 몸 노출 정도, 색조들을 이용해 성적 암시를 주고 있습니다. 그런 선정적 광고를 보며 자라나는 어린이와 학생들은 자칫 왜곡된 여성관을 갖기 쉽지요. 남학생들은 물론, 여학생들 스스로에게도 여성에 대해 편향된 생각을 심어 줄 수 있습니다.

그뿐이 아닙니다. 광고 모델들에 견주어 거울 속에 비친 자신의 외모는 촌스럽고 살찐 것으로 느끼게 됩니다. 우리 몸은 뭔가 부족하고 더 채워야 한다는 이른바 '불행 의식'에 사로잡히지요. 성형

수술 붐이 일어나는 현상은 그래서 안타깝습니다.

텔레비전 프로그램을 통해 아름다움을 외적인 것으로만 판단하는 외모 지상주의가 곳곳의 광고들을 통해 한층 강화됩니다. 내적인 아름다움은 가치 없는 것으로 넘깁니다. 하지만 과연 그럴까요? 외모가 서양식 기준에 맞는 사람들은 정말 행복한 삶을 살아가고 있을까요?

(3) 대기업들은 사회복지에 큰 관심을 갖고 있다는 신화

광고를 통해 나타나는 기업의 이미지는 긍정적입니다. 오해 없기 바랍니다. 기업이 나쁘다고 예단하는 것은 전혀 아니니까요. 다만 광고에 나오는 기업의 이미지는 전적으로 그 기업이 아주 비싼 광고 제작비를 들여 만든 것임을 잊지 말아야겠지요. 광고로만 보면 우리 기업들은 모두 자연을 보호하는 데 앞장설 뿐만 아니라 사회봉사 활동에도 힘쓰는 기업들이지요. 예를 들어 '나눔을 실천하는 기업'이나 '또 하나의 가족'을 내세운 삼성의 광고를 생각해 보세요. 인기 좋은 연예인들만 모델로 나오는 게 아닙니다. 피겨 스케이팅의 김연아도 발 빠르게 섭외해서 곧장 모델로 나옵니다.

그런데 삼성은 과연 나눔을 실천하는지, 정말 우리에게 '또 하나의 가족'인지, 김연아 선수처럼 자랑스럽게 다가오는 기업인지 따져 보아야겠지요. 광고외 기업, 미디어 사이에 어떤 관계가 형성되고 있는가는 장을 달리해서 더 자세히 살펴볼 필요가 있습니다.

여기서 확인하고 갈 것은 광고엔 양면이 있다는 사실입니다. 그래도 낙관적 전망을 한다면 담배 광고를 보기로 들 수 있겠지요. 마초와 같은 남성상을 부각하는 카우보이 담배 광고와 달리 요즘은 흡연으로 인해 시커멓게 변한 폐와 말기 폐암 환자를 보여 주는 공익 광고들이 미디어를 타고 있습니다. 그만큼 인류 사회가 성숙해 가고 있다는 한 증거가 아닐까요.

ABC 발행 부수는 무엇인가요, 왜 이런 제도가 도입되었나요?

ABC는 우리말로 '발행부수 공사기구'를 뜻하는 'Audit Bureau of Circulations'의 앞 글자를 딴 줄임말입니다. 여기서 발행 부수는 신문이나 잡지의 발행 부수이고, 공사는 공공 기업체라는 뜻의 공사公社가 아니라 객관적으로 조사한다는 공사公查입니다.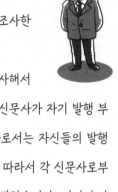

ABC는 말 그대로 신문이나 잡지의 발행 부수를 조사해서 인증하는 기구가 되겠지요. 왜 그런 조사를 할까요? 신문사가 자기 발행 부수를 있는 그대로 발표하지 않기 때문입니다. 신문사로서는 자신들의 발행 부수가 많다는 사실을 알리기 위해 부풀릴 수 있지요. 따라서 각 신문사로부터 독립된 기구가 발행 부수를 정확히 파악할 필요가 생겼습니다. 여기서 자문자답해 보시기 바랍니다. 누가 신문사의 객관적 발행 부수를 가장 알고 싶어 했을까요?

답은 광고주입니다. 광고주들은 돈을 내고 광고를 하면서 어떤 미디어에 광고할 때 얼마나 많은 사람이 볼 수 있을까를 알고 싶겠지요. 신문사들 또한 광고주들의 그런 생각을 잘 알고 있기 때문에 발행 부수를 부풀리는 거죠.

광고비를 둘러싼 갈등을 해결하기 위해 매스미디어가 일찍 발달한 미국에서 1914년에 최초로 ABC가 선보였습니다. 그 뒤 매스미디어 보급에 따라 세계 여러 나라에서 도입했으며 한국은 1989년에 ABC협회가 설립되었는데 세계에서 23번째입니다. ABC는 광고주들에게는 광고 전략을 세우는 기초 자료를 제공하고, 독자에겐 발행 부수에 대한 알 권리를 충족시켜 줍니다. 발행사에게도 언론사로서 공신력을 높이고, 경영을 합리화하는 계기가 될 수 있겠지요. 협회에 가입한 신문사들이 발행 부수와 판매 부수를 매월 통보하면, 그것이 정확한지 여부를 가리기 위해 연 1회 정도 실사實査와 심의를 거쳐 인증합니다.

신문과 방송의 광고비 산정 기준은 무엇인가요?

어떤 신문이든 어떤 방송이든 독자와 시청자들이 많으면 광고비가 올라갑니다. 신문은 발행 부수, 방송은 시청률에 따라 판단하게 됩니다. 실제로 ABC는 여러 목적이 있다고 하지만 미국에서 창립 때부터 광고 요금을 적절하게 정하는 데 가장 큰 목적이 있습니다. 한국 ABC협회는 창립 이후 처음으로 2011년 12월 29일 153개 일간 신문사의 2010년도 발행 부수와 유료 부수를 전격 공개했습니다.

그런데 협회가 발표해 온 발행 부수와 유료 부수가 부풀려지고 있다는 내부 고발이 2020년에 나왔습니다. 사실 협회는 국내 유일의 발행 부수 조사 기관이지만 신문사들을 회원사로 둔 민간단체이거든요. 내부 고발이 사실로 드러났음에도 개선 의지가 없자 정부는 2021년에 더는 ABC 협회에 공적 자금을 지원하지 않겠다고 발표했습니다.

조사 결과 신문사에서 발행된 신문들이 비닐 포장도 뜯지 않은 채 트럭에 실려 재활용 업체로 들어간 사실이 드러났지요. 곧바로 폐지가 돼 계란판을 만드는 데 쓰이거나 포장지 용도로 해외에 수출까지 됩니다. 베트남이나 파키스탄에서 열대 과일을 포장하는 용도로 쓰인 거죠.

사실 광고비 산정이 꼭 발행 부수에 따라 결정되는 것은 아니고 그래서도 안 됩니다. 발행 부수가 많지 않지만 여론 주도층에 영향력 있는 신문들이 있으니까요. 그래서 광고주들도 전략적 판단을 합니다. 자신에게 우호적인 언론 환경을 만들기 위해 광고를 무기로 사용하는 거죠.

텔레비전 광고 또한 앞서 살펴보았듯이 시청률이 판단 근거입니다. 다만 다음 장에서 설명하겠지만 그나마 지상파 공영 방송은 대기업과 직접 광고 영업을 하지 않으므로 신문에 비해선 상대적으로 광고주의 힘이 약하다고 볼 수 있겠지요. 간추려 정리하면 신문과 방송의 광고비 산정은 각 미디어의 구독률-시청률과 사회적 영향력에 의해 결정됩니다.

8장

광고가 총칼보다 무서워요

"펜은 칼보다 강하다." 서양의 격언입니다. 한국 사회에선 붓은 칼보다 강하다고 전해 오지요. 실제로 조선 왕조 500년은 양반이라고 해서 문반文班과 무반武班이 있었지만 글을 읽고 붓으로 쓰는 선비 중심의 세상이었습니다.

우리 현대사를 톺아 보아도 민주주의를 위해 군부 독재 정권과 싸워 온 오랜 투쟁이 있었어요. 그때 군부에 맞선 민주화 투쟁의 무기가 글이었지요. 물론, 그 과정에서 많은 사람들이 감옥에 갔고 때로는 목숨을 잃었습니다.

1961년 5월 16일, 대한민국 정부를 전복한 쿠데타가 일어났지요. 총칼로 무장한 군인들이 행정부는 물론 입법부와 사법부까지 장악한 쿠데타의 수괴는 당시 육군 소장으로 곧 예편을 앞두고 있던 박정희였습니다. 박정희가 쿠데타를 일으켰을 때 가장 먼저 점령한 곳은 청와대도 국회도 아닌 방송사였어요. 미디어의 중요성을 쿠데타 세력들도 알고 있었던 게지요.

쿠데타 세력은 방송사를 장악한 뒤 곧바로 군이 '혁명'에 나섰다며 기정사실화하는 방송을 내보냈습니다. 그리고 방송 장악에 이어 자신들의 마음에 들지 않는 신문을 탄압했지요. 곧바로 진보적 신문으로 큰 영향을 끼치고 있던 〈민족일보〉를 폐간했고 그해 12월 기어이 발행인 조용수를 처형했습니다.

언론의 자유를 억압하는 것들

박정희는 대통령이 되어서도 언론을 탄압했습니다. 1970년대 들어서선 국민에게 대통령 투표권까지 빼앗았지요. 독재를 비판했던 〈동아일보〉 기자 130여 명, 〈조선일보〉 기자 30여 명은 1975년에 해직당했습니다. 5년 뒤 1980년 5월에는 전두환이 박정희가 걸어간 길을 그대로 밟았지요. 육군 소장으로 쿠데타를 일으켜 광주 시민 수백여 명을 학살하며 정권을 장악했어요. 그 또한 언론을 탄압했습니다. 전국의 신문과 방송사에 걸쳐 900여 명을 해직했지요.

얼핏 보면 칼이 펜을, 더 정확히 표현하면 군부의 총칼이 언론을 이겼다고 볼 수 있겠시요. 하지만 조금만 긴 역사의 눈으로 보아도 그렇지 않습니다. 군부 독재는 결국 우리 국민의 줄기찬 민주화 투쟁으로 물러났거든요.

1987년 6월 민주 항쟁으로 우리 국민은 다시 대통령을 직접 선출하는 주권을 찾았습니다. 박정희, 전두환으로 이어진 군부 독재 정권이 해직한 기자들은 국민들의 자발적 성금을 모아 〈한겨레〉를 창간했지요.

군부 독재의 총칼은 언론인들을 때로는 처형으로, 때로는 해직으로, 때로는 정보기관에 끌고 가서 구타하는 야만으로 통제했지만, 6월 민주 항쟁 이후 언론인을 죽이거나 고문하는 일은 사라졌습니다.

그렇다면 이제 신문과 방송은 모두 자유로운 걸까요? 그렇지 않습니다. 총칼보다 훨씬 강력하게 신문과 방송은 물론 인터넷까지 통제할 수 있는 무엇인가가 있기 때문이지요. 그게 무엇인지 짐작했겠지요?

맞습니다. 광고입니다.

광고가 미디어임을 살펴본 우리는 그것이 쿠데타 세력의 총칼보다 무서운 통제 무기라는 말이 선뜻 이해하기 어려울 수 있습니다. 하지만 광고가 실제로 총칼보다 더 무서운 게 오늘의 현실이기에 집중해서 짚어 볼 필요가 있습니다. 먼저 상식적인 판단부터 정리하고 가죠.

이 책을 통해 우리가 살펴본 신문과 방송, 인터넷이라는 미디어가 계속 활동하려면 무엇이 있어야 할까요? 모든 생명체는 지속하기 위해 영양을 섭취해야 합니다. 미디어도 마찬가지이지요.

현대 자본주의 사회에 존재하고 있는 신문, 방송, 인터넷은 물질적 기반이 없을 때 활동하기 어렵습니다. '물질적 기반'이라는 사뭇 학문적 표현을 썼지만, 쉽게 일상생활에서 쓰는 표현으로 말하면 돈입니다.

자, 생각해 보세요. 신문사는 신문을 만들기 위해 신문사 건물을 짓고 윤전기를 사서 날마다 돌리고 기자들을 비롯한 일하는 사람들(노동자)을 고용해야 합니다. 그뿐인가요. 나무를 베어 만드는 신문 용지도 날마다 대량으로 구입해야 합니다. 그 하나하나에 큰돈이 들어가지요. 윤전기 가격만 최소 수백억 원이 넘습니다. 더구나 수백 명의 기자들에게 다달이 월급(임금)을 주어야지요.

돈이 없으면 신문사 창간은 물론 유지도 어렵습니다. 신문사들은 그 많은 돈을 어디서 가져올까요? 독자들이 사서 보는 신문 구독료로 그 돈을 마련한다고 하지만, 실제로 구독료만 받아 신문을 만들 수는 없습니다. 그러려면 신문 구독료는 지금보다 몇 배가 더 올라야 하는데, 그럴 때 신문을 사서 볼 사람은 많지 않겠지요. 그럼 어떻게 해결할까요?

방송은 어떨까요? 돈이 더 들어요. 신문에 비교할 수 없을 만큼 어마어마한 돈이 듭니다. 드라마 제작할 때 주연급 연예인에게 지급해야 할 출연료를 구체적으로 짚어 볼까요? 드라마 1회당 출연료가 탤런트 고현정은 5500만 원(드라마 〈대물〉), 이병헌은 1억 원

(드라마 〈아이리스〉), 배용준은 2억 5000만 원(드라마 〈태왕사신기〉)에 이르렀습니다. 방송사 사이에 드라마 시청률 경쟁이 치열하기에 일어나는 일이라고 하지만 대다수 국민들은 놀랄 수밖에 없지요. 아무리 그들이 인기 높다고 하지만 과연 그게 정당한 걸까요? 문제는 그런 돈이 어디서 나올까 하는 데 있습니다. 드라마뿐만 아니라 다큐멘터리, 시트콤 모두 큰돈이 들어가는데 대체 그 많은 돈들을 방송사는 어디서 벌까요?

신문과 방송을 보기로 들며 같은 질문을 던졌습니다만, 답은 하나이지요. 광고입니다. 신문사와 방송사가 광고를 내보내고 광고주로부터 받는 돈이 없다면 그 미디어는 자본주의 사회에서 살아남기 어렵습니다.

신문에서 사라진 삼성 비자금 기사

인터넷은 얼핏 광고와 무관해 보입니다만 마찬가지입니다. 신문이나 방송에 비해 상대적으로 큰돈이 들지 않을 수는 있지요. 하지만 인터넷에 기반을 두고 미디어 활동을 펴려면 돈이 필요할 수밖에 없습니다. 당장 인터넷을 켜 보세요. 어디를 열든 광고를 발견할 수 있습니다.

그렇다면 광고주는 누구일까요? 이론상으로는 우리 모두가 광고주가 될 수 있고, 실제로 평범한 시민도 신문에 생활 광고를 내기도 합니다. 하지만 그 돈의 비율은 미미하지요. 가장 많은 돈을 매스미디어에 주는 광고주는?

단연 대기업입니다. 대기업이 1년 동안 신문, 방송, 인터넷에 주는 광고비는 우리의 상상을 넘어서 있습니다. 특히 5대 기업은 더욱 그러하지요. 가령 삼성그룹이 〈조선일보〉, 〈동아일보〉, 〈중앙일보〉에 내는 광고비는 연간 수백억 원에 이릅니다.

만일 독자가 그 신문사 사장이라고 가정하고 생각해 보세요. 연간 수백억 원의 광고비를 집행해 주는 삼성그룹에 대해 잘잘못을 가리며 비판하는 기사를 선뜻 내보낼 수 있을까요? 설령 그런 기사를 내보냈다고 하더라도 그 글을 쓴 기자에 대해 사장으로서 방관만 할까요? 삼성이 잘못한 점들을 최대한 사실 확인을 거쳐 보도했는데도 삼성 쪽으로부터 항의가 올 수 있습니다. 삼성이 자신들의 의견을 받아들이지 않겠다면 더는 광고를 집행하지 않겠다고 할 때, 어떻게 대응할 수 있을까요?

설마 그런 일이 있을까 싶은가요? 구체적 보기를 들어 보죠. 2007년 10월 29일 삼성그룹 법무팀장을 지낸 김용철 변호사와 천주교 정의구현 전국사제단(보통 줄여서 '정의구현사제단'이라고 부릅니다)은 기자회견을 열고 삼성이 이사들 이름으로 된 통장을 만들어 비자금을 조성했다고 밝혔습니다. 비자금은 기업이 정상적인 기업 활동이 아닌 데 쓰려는 목적으로 비밀리에 조성해 감춰 둔 자금을 말합니다. 비밀 적립금이라고도 부르는 비자금은 불법이지요.

그런데 삼성이 천문학적 비자금을 조성했고 그 돈으로 법조계·

국세청·재경부를 비롯해 여러 기관에 뇌물을 뿌렸다는 증언은 많은 사람들에게 충격을 주었습니다. 김 변호사 자신이 자신의 이름으로 된 계좌에 삼성 돈 50억 원이 들어 있는 것을 공개했기에 증거도 또렷했지요. 김용철과 정의구현사제단은 뒤이어 비자금이 2002년 대통령 선거 자금으로 흘러들어 갔으며 이건희에서 아들 이재용으로 삼성을 편법으로 상속하는 과정을 수사하고 재판하는 사람들에게도 들어갔다고 밝혔어요. 구체적으로 돈을 받은 검사들의 이름도 줄줄이 나왔지요.

정의구현사제단은 박정희 독재 시절 결성된 사제들의 모임으로 1987년 5월에는 서울대생 박종철 고문치사 사건의 축소·조작 및 은폐 사실을 밝혀 전두환 정권의 부도덕성을 널리 알림으로써 6월 민주 항쟁에 기여했었지요. 그로부터 꼭 20년 뒤인 2007년에 삼성 그룹이 비자금으로 대한민국 곳곳에 검은돈을 뿌려 관리해 온 사실을 구체적 증인과 증거를 갖고 고발하고 나섰기에 사람들의 충격은 컸습니다.

사제단이 첫 회견 일주일 뒤에 연 두 번째 기자회견의 제목은 사뭇 길어요. '돌아온 아들 김용철 변호사의 양심 고백과 삼성, 언론, 검찰, 국세청, 금감원 등의 철저한 반성을 위한 정의구현사제단의 호소와 양심 성찰 기도'입니다. 긴 이름의 기자회견 제목에는 상황의 중요성이 모두 담겨 있지요. 삼성 법무팀장으로 불법적인 일에 가담했다가 '돌아온 아들' 김용철 변호사가 양심 고백을 한다는 사실을 비롯해 불법으로 조성한 돈을 넙죽넙죽 받아 온 주요 국가 기관들의 엘리트들에게 반성을 촉구하는 회견입니다. 그곳에 미디어인 언론이 있다는 사실도 부끄럽지만 주목할 대목이지요.

사제단은 회견을 통해 삼성의 비자금 조성 의혹에 대한 언론과 검찰, 국가 기관들의 모호한 태도를 날카롭게 비판했습니다. 기자회견에서 사제단은 "삼성이라는 최대 기업이 '검은 제물'을 통해 언론, 검찰, 금감원 등 주요 국가 시스템을 어떻게 교란시키고 통제하고 망가뜨리고 있는지 국민들과 함께 고민하기 위해 나섰다. 언론, 국가 기관의 묵인과 직무 유기로 여기까지 왔다. 먹이사슬로 이어진 이 같은 상황이 참담하다"고 한탄했습니다.

사제단은 일주일 전에 연 기자회견에 대해 언론이 "(삼성 관련 비리를) 연예인의 추문을 다루듯 한다. 공론을 통해 함께 고민하자는 것인데 언론은 삼성 비자금 보도를 철저하게 외면"했다고 비판했습니다. 이어 삼성 전 법무팀장이 털어놓은 고백의 진실을 확신한다면서 삼성이 용서를 구할 때까지, 검찰이 수사를 통해 실체를 밝힐 때까지, 그래서 경제 정의가 실현되고 경제 민주주의의 토대가 마련될 때까지 사제의 소명을 걸고 오늘의 의로운 싸움을 거두지 않겠다고 다짐했어요.

하지만 정의구현사제단이 정면으로 언급하며 비판했는데도 언론은 전혀 나아지지 않았습니다. 삼성그룹과 사실상 계열사적 관계인 〈중앙일보〉는 더 말할 나위도 없고 〈조선일보〉와 〈동아일보〉

도 삼성의 비자금과 관련된 기사들을 축소하거나 외면하는 보도 태도를 보였습니다. 정의구현사제단에 이은 시민 사회 단체들의 고발에 따라 삼성 비자금에 대해 독립 수사 기구인 특검이 도입되었지만 언론은 소극적 보도로 일관했습니다.

왜 그랬을까요? 수사 기간 중에 삼성이 광고를 '무기'로 삼은 사실을 우리는 객관적으로 확인할 수 있습니다. 사제단이 첫 회견에서 밝힌 비자금 조성 의혹을 대대적으로 부각해 보도한 〈한겨레〉와 〈경향신문〉에 삼성은 보도 직후부터 광고를 전면 중단했지요. 반면에 작게 보도하거나 외면하는 신문사들에는 더 많은 광고를 주었습니다.

민주언론시민연합이 수사 초기인 2007년 12월 1일부터 2008년 1월 7일까지 신문이 발행되는 32일 동안 5개 주요 일간지(조선일보·중앙일보·동아일보·한겨레·경향신문)의 삼성 관련 광고 게재 현황을 조사한 결과, 〈한겨레〉와 〈경향신문〉은 삼성 관련 광고를 한 건도 수주하지 못한 것으로 나타났습니다.

반면에 〈조선일보〉는 45건의 광고를 실었지요. 삼성전자, 삼성증권, 삼성화재, 삼성물산, 삼성생명을 비롯한 삼성의 주요 계열사들이 모두 나서서 〈조선일보〉, 〈동아일보〉, 〈중앙일보〉에 골고루 광고를 집행했습니다. 〈한겨레〉와 〈경향신문〉으로 갈 예정이던 광고, 더 정확하게 말하면 광고비, 곧 돈이 세 신문사로 돌려졌다고 볼 수 있지요.

    정의구현사제단의 1차 기자회견이 있던 10월 29일 바로 전 1주일(10월 22일~29일)을 보면 〈한겨레〉에 모두 7건의 삼성 관련 광고가 게재됐습니다. 같은 기간 〈조선일보〉는 5건의 삼성 관련 광고가 게재되어 〈한겨레〉보다 적었지요. 한국기자협회의 조사에서도 〈한겨레〉는 10월 한 달 동안 전면광고 8건을 포함해 14건을, 〈경향신문〉은 전면광고 4건을 포함해 13건의 삼성 광고를 수주했습니다. 두 신문이 삼성의 비리를 대대적으로 보도하면서 광고가 전면 중단됐다는 사실을 또렷하게 보여 주는 수치입니다.

    김용철 변호사가 공개한 '회장 지시 사항'이라는 삼성 내부 문건에 따르면, 이건희 회장이 직접 "한겨레가 삼성에 대해 악감정을 가지고 쓴 기사를 전부 스크랩해서 다른 신문이 보도한 것과 비교해 보고 이를 한겨레 측에 보여 주고 설명"해 주라면서 "이런 것을 근거로 광고도 조정하는 것을 검토해 볼 것"을 지시했습니다. 삼성그룹 회장이 직접 나서서 광고를 '무기'로 삼고 있다는 '증언'이지요.

    삼성 비자금 문제를 부각한 두 신문사에 삼성 계열사의 모든 광고가 중단됐다는 사실이 알려지면서 다른 신문과 방송들은 삼성 보도에 더욱 조심스러워졌습니다. 이 또한 삼성이 두 신문에 '본보기' 삼아 광고를 전면 중단할 때의 치밀한 노림수이겠지요.

    발행 부수가 많은 신문들이 축소해서 보도했지만 정의구현사제단이 증언하고 나선 사안이었기에 여러 논란 끝에 특별검사팀(특검)이 꾸려져서 수사 착수에 들어갔습니다. 하지만 특검이 수사를 시작한 바로 그달에 치러진 대통령 선거에서 '친기업'을 내세운 이명박 후보가 당선됨으로써 수사가 흐지부지될 가능성은 더 높아졌지요.

조중동의 삼성 창업주 예찬

이명박 대통령이 취임하고 33일 만인 2008년 4월 1일에 전국경제인연합회(전경련)를 비롯한 경제 단체들이 "우리나라를 대표하는 기업, 삼성에 대한 특검의 수사가 장기간 지속되는 것은 해당 기업과 협력 업체는 물론 국가 경제에도 악영향을 미치는 것으로서 우려를 금할 수 없다"면서 수사를 빨리 끝내라는 성명을 냈습니다. 〈조선일보〉, 〈동아일보〉, 〈중앙일보〉는 비판은커녕 그들의 주장에 적극 가세하고 나섰지요. 경제 단체와 언론의 주문 때문이었는지 보름 뒤인 4월 17일 특검은 사건을 마무리하는 최종 수사 결과를 발표했습니다.

특별검사팀은 삼성의 불법적인 경영권 승계 과정에 이건희 회장이 깊숙이 개입한 사실을 확인했습니다. 4조 5000억 원의 차명 재산도 찾아냈지요. 특검팀도 "이 회장의 포털 세액과 배임 이득액이 천문학에 달하는 거액이어서 무거운 중죄에 해당한다"라고 밝혔어요. 그러나 특검은 그것이 개인적인 탐욕으로 저지른 일이 아니라며 이 회장을 구속하지 않았습니다. 정치권과 정부 기관에 거액의 돈 봉투를 뿌렸다는 증언에 대해선 수사도 제대로 하지 않은 채 증거가 없다고 밝혔습니다.

수사 결과에 대해 정의구현사제단은 "특검이 이 회장의 4조 5000억 원대의 은닉 재산을 합법화시켜 주고 횡령 사건을 묻어 줬다. 악은 힘이 세고, 뿌리 또한 깊다"라고 비판했습니다. 심지어 삼성의 한 임원조차 "사필귀정이다. 그런데 특검이 불필요한 부분에서 삼성 편을 들어 줘서 국민이 믿지 않는 것 같다"라고 말할 정도였지요.

하지만 신문과 방송은 특검의 발표를 흐지부지 넘겼습니다. 광고를 무기로 한 언론 통제가 총칼보다 무섭다는 사실을, 더구나 총칼보다 더 민주주의를 위협할 수 있다는 사실을 우리에게 일깨워 준 보기이지요. 선진국이라면 어땠을까요? 아마도 탈세 사실이 드러난 이건희 회장과 아들 이재용은 구속되어 장기 징역형을 선고받았겠지요. 적어도 탈세범에 대해선 미국조차 엄격하게 법 집행을 하니까요.

삼성이 광고를 무기로 언론을 통제한 사례는 이 밖에도 많습니다. 2005년 9월 〈시사저널〉이 '삼성은 한국을 어떻게 움직이는가'라는 특집 기획 기사를 내보내자 삼성 계열사들은 몇 달 동안 광고를 끊었습니다. 〈시사저널〉이 그 뒤 삼성과 유착하고 이에 기자들이 사표를 쓰고 나와 창간한 〈시사IN〉이 삼성 비자금 문제를 밝히는 김용철 변호사의 인터뷰를 싣기로 했을 때, 삼성은 온갖 방해

공작을 펼치는 한편 "1주일만 연기해 주면 무슨 요구든 다 들어주겠다"고 회유했습니다.

종합 일간 신문 가운데도 삼성병원에서 의료 사고가 잦다는 기사가 지면에서 돌연 사라지거나, 신세계백화점이 불법 주차장을 운영하고 있다는 기사가 빠지면서 신세계백화점 광고가 들어가는 일도 있었지요.

물론, 삼성만의 문제는 아닙니다. 다만 삼성이 대한민국에서 가장 큰 대기업이고 사회적 물의를 많이 빚고 있기에 보기로 설명했을 뿐입니다.

여기서 분명히 짚고 가지요. 삼성의 잘못된 점을 비판하면 삼성을 적대시하는 것이라고 단순하게 생각하는 사람들이 있습니다. 하지만 그렇게 볼 문제가 아니지요. 삼성은 대한민국 수출의 22퍼센트, 세금 수입의 8퍼센트, 주식시장 시가 총액의 23퍼센트, 상장기업 매출의 15퍼센트와 이익의 25퍼센트를 차지하고 있습니다. 더구나 세계 시장에서 대한민국을 대표하는 '브랜드'입니다.

누구도 한국 경제에서 차지하는 삼성의 중요성을 가볍게 볼 수 없습니다. 하지만 바로 그렇기에 삼성은 잘 키워 가야 합니다. 잘못한 일이 있으면 언론이 감시하고 그렇게 함으로써 삼성이 고쳐 나갈 때 더 발전할 수 있겠지요.

그러나 지금은 삼성에 대한 비판이 주요 미디어에서 꽉 막혀 있는 상태입니다. 삼성에 대한 비판을 막는 무기가 광고이지요. 광고는 비판만 막지 않고 찬양까지 이르게 합니다.

예를 들어볼까요. 삼성그룹의 창업자는 이건희의 아버지 이병철입니다. 그가 숨을 거둔 지 23년을 맞은 2010년 2월 5일, 삼성그룹은 죽은 이병철의 100번째 생일을 기념해 대대적 행사를 열었습니다. 삼성으로선 얼마든지 그럴 수 있겠지요.

그런데 오래전에 죽은 사람의 100번째 생일을 힘 있는 언론사들이 앞장서서 대대적으로 부각하고 나섰습니다. 이를테면 〈한국경제〉는 "기업 키우는 것이 최고의 애국이고 분배"라는 이병철의 말을 뜬금없이 1면 머리기사 제목으로 대문짝만하게 편집했습니다 (2010년 2월 1일자).

특정인의 말, 그것도 23년 전에 죽은 사람의 말을 1면 머리에 주먹만 한 글씨로 편집하기란 일간 신문으로선 어지간한 결단이 아니면 할 수 없는 일이지요. 더구나 같은 날 4면과 5면, 양면을 펼쳐 '호암 탄생 100주년… 다시 길을 묻다.' 제하의 특집 기획 기사를 편집했습니다. 다음날과 그 다음 날까지 이어진 상중하 연재 기획입니다.

다른 신문들도 정도의 차이는 있지만 이병철 부각에 앞을 다퉜습니다. 〈문화일보〉는 "28세 스티브 잡스, 73세 호암에 길을 묻다"라는 표제 아래 이병철을 미화했습니다 (2월 2일자 2면). 기사는 "호암은 경영자로서의 길을 묻는 잡스에게 세계적인 사업가로서 살아오면서 철칙처럼 지켜온 세 가지를 당부했다"면서 "호암이 잡스에게 전했던 3대 경영 철학이 향후 애플의 경영에 직간접적으로 반영된 게 아닌가 하는 생각이 든다"는 삼성전기 부사장의 말을 기사화했습니다.

과연 그럴까요? 애플의 전설적 경영인으로 불리는 스티브 잡스의 스승이 이병철이라고 해도 과연 좋을까요. 삼성과 연결된 〈중앙일보〉나 이건희 회장과 사주(소유주)가 사돈 관계인 〈동아일보〉가 어떻게 보도했을까는 새삼 말할 필요가 없겠지요. 〈조선일보〉도 경제면 머리기사(2월 11일자 33면)로 "호암 경영 특징은 무한 변신·스피드"라며 이병철 영웅화에 가세했습니다.

물론, 이병철이 영웅이라면 '탄신 100주년'을 맞아 얼마든지 1면 머리기사로 쓸 수도 있겠지요. 하지만 이병철은 노동조합을 인정하지 않는 낡은 시대의 경영자였습니다. "내 눈에 흙이 들어가기 전에는 노동조합을 허용할 수 없다"는 유명한 말을 한 장본인이 바로 이병철입니다.

헌법에 보장된 노동자의 기본권을 허용할 수 없다는 이병철의 경영관은 그의 아들 이건희에 이르도록 강고하게 유지되고 있습니다. 누군가 노동조합을 만들려고 하면 회유하거나 해고해 왔습니다.

물론, 한국 언론에는 삼성의 잘잘못을 있는 그대로 보도하는 '파수견' 신문도 있습니다. 파수견은 영어 'watchdog'을 옮긴 말인데요. 언론인을 일러 파수견이라고 한 것은 개가 도둑을 보면 짖는다는 뜻에서 유래합니다. 한 국가나 사회에 위험이 닥쳐올 때 그것을 알려야 할 언론의 책임과 의무를 비유한 말이지요.

앞서 보았듯이 〈한겨레〉와 〈경향신문〉은 삼성 비자금이 드러났을 때 파수견으로 제구실을 했습니다. 하지만 두 신문도 언제나 삼성그룹을 감시하고 비판하기는 힘듭니다. 〈한겨레〉와 〈경향신문〉도 자본주의 사회에서 발행되기 때문에 돈이 없으면 신문을 발행할 수 없기 때문이지요.

신문의 광고 의존율이 90퍼센트 선을 웃도는 상황에서 대한민국의 가장 큰 광고주인 삼성그룹의 눈초리를 무시하기란 어렵습니다. 공영 방송이라고 하지만 텔레비전 방송사도 사정은 크게 다르지 않습니다. 정치권력이 삼성에 우호적일 때는 더욱 그렇지요. 공영 방송사 사장들을 대통령이 임명하고 있으니까요.

삼성 비자금 폭로 때 이를 적극적으로 보도한 〈한겨레〉와 〈경향신문〉은 2년 넘게 광고를 받지 못했습니다. 그 2년 동안 두 신문사의 경영은 급속도로 악화됐지요. 편집국 기자들이 돌아가며 무급 휴직을 했는가 하면 제대로 임금(월급)이 지불되지 못하기도 했습니다. 가족이 있는 사람들에게 그건 몹시 고통스러운 일입니다.

그 결과입니다. 죽은 이병철의 100회 생일을 맞아 대다수 언론이 '영웅'으로 예찬했을 때, 이병철이 저질렀던 사카린 대량 밀수 사건은 아예 언급조차 되지 않았지요. 적어도 기업인 이병철의 경영 전반을 객관적으로 평가하려면, 노동조합에 대한 탄압 못지않게 그가 대량 밀수를 저질러 대한민국에 큰 물의를 빚은 사건을 무시할 수 없다는 상식은 한국 언론에서 찾을 수 없습니다.

이병철의 공과를 있는 그대로 보아야 하는데 공만 강조하며 그를 '큰 인물'이요, '역사적 인물'이요, '영웅'이라며 심지어 '스티브 잡스의 스승'이라고 부추기는 언론이 과연 얼마나 언론의 본령인 진실에 충실하고 공정한가를 냉철하게 짚어 볼 필요가 있습니다.

1960년대 후반 이병철의 사카린 대량 밀수 사건에 대한 언론의 축소 보도는 그로부터 정확히 40년 뒤에 고스란히 그의 아들인 이건희의 대규모 불법 비자금 사건에 대한 침묵으로 이어졌습니다. 파수견이어야 할 언론이 삼성의 '애완견'으로 전락한 꼴이지요.

총칼보다 무서운 광고로 미디어가 모두 삼성의 애완견으로 전락했을 때, 또 그것을 삼성이 즐기고 있을 때, 당장은 이건희에게 좋을 수도 있겠지요. 하지만 누구로부터 감시도 견제도 받지 못할 때 삼성은 흔들릴 수밖에 없습니다. 더 큰 문제는 바로 그때 한국 경제도 흔들린다는 데 있지요. 삼성의 애완견 한국 언론이 파수견으로 돌아서야 할 절실하고 절박한 이유가 여기 있습니다.

그럼에도 한국 언론이 애완견을 고집한다면, 어떻게 해야 옳을까요? 우리가 미디어를 바로 보아야 할 이유를 여기서도 찾을 수 있습니다.

담배 광고의 무서움

광고의 무서움은 광고 자체에서도 확인할 수 있습니다. 미국의 한 담배 회사(R. J. 레이놀즈)가 실행한 다이렉트메일 direct mail 광고를 보기로 들어 볼까요. 다이렉트메일은 줄여서 DM이라고 하는데요. 상품 광고나 선전을 위해서 특정 고객층 앞으로 직접 우송하는 서신이나 카탈로그와 같은 인쇄물입니다. 직접 개인 앞으로 우송하는 광고이지요.

그 담배 회사는 '당신이 상상 못 했던 것 It's not what you expect'이라는 캠페인으로 잇따라 작은 선물을 보냈는데요. 첫 번째엔 페퍼민트향 차, 이어서 2·3주 안에 쿠키·민트향 젤, 마지막으로 초가 담긴 봉투를 배달했습니다. 봉투에는 선물과 함께 다음과 같은 글이 적힌 쿠폰을 동봉했지요. "뉴욕에서 무료로 담배를 보내는 것은 법으로 금지되어 있습니다. 따라서 우리는 그다음으로 훌륭한 것들을 보내며, 아울러 담배 한 갑을 무료로 받을 수 있는 쿠폰을 동봉합니다." 이 회사의 다이렉트메일은 큰 효과를 거뒀습니다.

담배 광고는 이미 초기부터 사람들의 판단력을 흐리게 했지요. 1929년 부활절을 맞아 미국 뉴욕시 5번가에서는 아주 이색적인 사건이 벌어졌습니다. 10명의 젊은 여성이 작심한 듯 담배를 피우며 거리를 활보했거든요. 다음날 신문들은 이 행진을 보도하면서 1면을 아낌없이 털었지요. 이 사건 뒤로 여성이 공공장소에서 담배를 피우는 행위에 대한 사회적 반발은 점점 누그러졌습니다. 사뭇 여권 신장 캠페인으로 보이기도 했지요.

그런데 이 행진은 한 담배 회사에 의해 치밀하게 계획된 이벤트였습니다.

목적은 무엇이었을까요? 여성들의 흡연을 늘리려는 전략이었지요. 담배 회사들은 여성의 권리와 가치를 선진적으로 옹호(페미니즘)하는 광고 공세를 치열하게 전개했어요. 겉으로는 마치 자신들이 여성의 권리를 주장하는 듯 행세하면서 실제로는 여성의 몸에 해로운 광고를 내보낸 꼴이지요.

세월이 흘러 담배가 해롭다는 인식이 보편화한 뒤에 미국 최대 담배 제조 회사인 필립모리스사가 1억 달러에 달하는 '담배 금지 캠페인'을 편 것도 광고의 무서움을 실감케 하는 대목입니다. 얼핏 보면 담배 회사가 담배 금지 캠페인을 펴는 게 이해가 가지 않을 수도 있지요. 그런데 전문가들은 그런 캠페인은 효과가 미약하거나 오히려 판촉 효과를 낼 수 있다고 합니다. "담배는 성인들을 위한 것이며, 특히 청소년들에게는 해롭다"는 식의 캠페인은 한창 반항기에 있는 청소년을 오히려 자극해 담배를 더 피우도록 한다는 분석이지요. 빨리 어른이 되고 싶거나 어른 흉내를 내고 싶어 하는 청소년들을 부추길 수 있다는 지적입니다. 담배가 해롭다는 시대적 인식을 외면하지 않고 양심적 기업처럼 보이면서도 실제로는 판촉 행사를 벌인 셈이지요.

지금도 담배 회사들은 흑인 여성, 아시안 여성, 히스패닉 여성들을 모델로 접근하고 있습니다. 동성애자들을 광고의 소재로 삼기도 하지요. 사뭇 소수자들을 배려하는 모습을 취하면서 자신들의 이익을 얻는 전략입니다. 갈수록 세련된 자태로 유혹하는 광고에 기만당하지 않도록 유의할 필요가 여기에 있지요.

광고에 나오는 것은 다 믿어야 하나요?

광고는 상품 판매가 목적이지 진실이 목적은 아닙니다. 그러다 보니 허위, 과장이 적지 않지요. 2012년 2월에 식품의약품안전청은 최근 3년간 대기업들이 건강 기능 식품을 질병 예방과 치료에 효과가 있는 것처럼 꾸민 과장·허위 광고를 611건이나 적발했다고 발표했습니다. 심지어 건강 식품을 판매하며 소비자를 속이기도 했

어요. 광고에는 180개의 알약이 들어 있다고 했는데, 세어 보니 160개였지요. 누가 200여 개에 이르는 알약을 세어 볼까 싶어 슬그머니 20개를 부풀린 겁니다. 홍삼 100퍼센트라는 광고와 달리 실제 성분은 10퍼센트에 그치는 건강 상품도 걸렸지요.

허위 광고가 너무 많기 때문에 단속하고 규제하는 법이 생겼습니다. 소비자 보호를 위해 1999년부터 '표시 광고법'을 시행하고 있는데요. 그 법에 '광고 실증제'가 있어요. 기업들이 상품 광고를 할 때 학계나 산업계에서 일반적으로 인정된 실증 자료를 갖추고 그것을 근거로 성능을 주장해야 한다는 원칙입니다. 공정거래위원회가 기업의 광고 내용에 대한 실증 자료를 요구하면 광고를 한 기업은 곧바로 실증 방법과 결과를 기재한 자료를 제출해야 하지요. 실증 자료를 제출하지 못하면 공정거래위원회가 법적 제재에 들어갑니다. 과태료를 물리고 광고를 중지시키지요. 일반 소비자들도 공정거래위원회에 언제든 신고할 수 있어요.

공정거래위원회와 별도로 방송통신심의위원회도 방송 광고와 인터넷 광고를 심의하고 있습니다. 이를테면 피부 재생, 피부 노화 차단, 여드름 치료라는 표현을 써서 의약품인 듯 과장한 스킨과 크림 광고를 제재했지요.

법이 있어도 대기업들까지 허위 광고를 서슴지 않는 상황이기에 광고를 무조건 믿어서는 피해를 볼 수 있다는 사실을 염두에 두어야겠지요.

미디어렙이 뭔가요? 그게 왜 문제가 되죠?

미디어렙은 광고 영업을 대행하는 회사입니다. 미디어 레프리젠터티브media representative의 줄임말이지요. 일반적으로 시간 혹은 지면을 광고주나 광고 대행사에 판매하고 그 대가로 수수료를 취득하는 회사입니다. 언론사가 신문이나 방송 제작에 전념할 수 있게 해 주며 전문적인 영업 활동으로 언론사의 경영 합리화에 도움을 준다는 취지입니다.

한국에선 신문은 각자 직접 영업에 맡겨 왔습니다. 방송은 미디어렙이 정착되어 왔습니다. 광고주로부터 의뢰를 받아 방송사에 광고를 내는 조직이지요. 신문과 달리 '공공 자산'인 전파를 이용하는 방송이 신문처럼 광고 영업에 직접 나설 때, 거대 광고주인 대기업의 영향을 받을 수밖에 없기 때문에 그것을 막기 위한 장치입니다.

공영인 한국방송광고진흥공사가 대행하며 지상파 방송 3사에 대해 직접 광고 영업을 못하게 법적으로 규제해 왔었지요. 문제는 2011년에 종합 편성 채널이 개국하면서 나타났습니다. 〈조선일보〉, 〈중앙일보〉, 〈동아일보〉가 만든 방송사들이 미디어렙을 통하지 않겠다며 직접 광고 영업을 주장하고 나섰습니다. 하지만 그 경우에 신문을 이용해 광고주들에게 접근할 것이 불을 보듯 명백해서 광고 시장이 혼탁해진다고 본 시민 사회 단체들은 반대했습니다.

국회는 논란 끝에 공영 기구인 한국방송광고진흥공사가 모든 방송 광고를 맡아 온 체제를 바꿔 2012년 '일공영 다민영 미디어렙'을 핵심으로 하는 미디어렙 법안을 통과시켰습니다. KBS와 MBC, EBS는 여전히 '한국방송광고진흥공사'만 광고 영업 활동을 할 수 있게 했습니다. 그런데 민영 방송사들은 각 방송사가 미디어렙을 소유할 수 있게 되어 우려가 커졌습니다.

방송사들이 직접 광고 영업을 못 하게 막는 일은 우리의 삶이 대기업들의 이윤 추구 논리에 휘둘리지 않으려는 최소한의 자구책입니다.

9장

영화는 환각제일까,
각성제일까?

　무더운 여름, 시원한 선풍기는 참 고맙게 다가오지요. 선풍기가 돌아갈 때 휘어 있는 세 개의 날개는 보이지 않습니다. 원을 이루며 바람을 일으키니까요.

　착시 현상은 형광등에서도 확인할 수 있습니다. 형광등은 끄기 전까지 내내 켜져 있는 것처럼 보이지요. 실제로는 전혀 아닙니다. 형광등은 1초마다 60회 정도 깜빡거립니다.

　누구나 다 아는 사실을 새삼 쓰고 있는 이유는 바로 그것이 영화의 원리이기 때문입니다. 사진을 연속으로 촬영해서 영사기를 이용해 빠르게 돌리면 마치 움직이는 것처럼 보이는 우리 눈의 착시 현상을 이용한 미디어가 바로 영화이거든요. 대체로 1초에 24장의 사진을 돌립니다.

그렇게 영화는 사진을 모태로 태어났습니다. 물론, 사진 또한 역사상의 어느 시점에 탄생했지요. 사진이 나타나기 이전에 사물의 이미지를 기록하고 기억하는 유일한 방법은 그림밖에 없었어요.

다 알다시피 그림을 그리는 화가들은 어떤 사물에 담긴 속성이나 진실을 표현하고 싶어 합니다. 그런데 1820년대에 유럽에서 미술사의 새로운 흐름이 나타납니다. 현실을 있는 그대로 묘사하고 재현하려는 사실주의가 힘을 얻기 시작하지요. 사물을 있는 그대로 그리는 능력이 평가받게 됩니다. 그런 시대적 흐름을 배경으로 사물의 이미지를 가장 객관적으로 기록하는 기술로 사진이 탄생합니다.

정지된 그림에서 움직이는 사진으로

사진의 원리는 걸작 〈모나리자〉를 그린 레오나르도 다빈치 (1452~1519)가 쓴 원고 중에 처음 나옵니다. 다빈치는 "만약 어두운 방 벽에 조그맣고 동그란 구멍이 뚫려 있으면 그 벽 바깥 풍경이 구멍으로 들어와 맞은 벽에 거꾸로 비칠 것"이라고 기록해 놓았지요. 17세기엔 그 영상을 베껴 그릴 수 있는 '실물 사생기'가 나왔어요. 영상을 고정시키려면 빛 에너지를 화학적으로 바꾸는 기술이 필요했지요. 17~18세기 연금술사와 물리학자들은 초산은과 염화은 위에 나뭇잎이나 곤충의 날개를 올려놓고 빛에 노출하면 그 모양이 그대로 남는다는 사실을 발견합니다. 초산은과 염화은은 빛에 노출되는 정도에 따라 검게 변하는 성질을 갖고 있어 물체를 올려놓으면 그 모양대로 그림이 나타나거든요.

사진술은 붓을 전혀 대지 않고 그림을 그리고자 했던 사람들에 의해 탄생했습니다. 프랑스의 조제프 니에프스와 루이 다게르, 영국의 윌리엄 탤벗, 세 사람을 '사진의 아버지'라고 부르는데요. 니에프스는 1826년 세계 최초로 사진을 제작했는데 노출 시간이 8시간이나 걸렸답니다. 니에프스의 사진은 '태양으로 그리는 그림(헬리오그래피heliography)'으로 불렸지요. 화가였던 다게르는 니에프스의 연구를 밑절미로 실험을 거듭해 인화가 훨씬 단축된 사진을 만들었습니다. 다게르가 만든 방법을 1839년 프랑스 과학아카데미는 최초의 사진술로 인정했어요. 과학자이면서 아마추어 화가였던 탤벗은 사진을 현상하는 과정을 확립해 대량으로 출력할 수 있는 길을 열었지요.

간략히 살펴보았듯이 사진은 미술의 한 갈래로 태어났기 때문에 그림과 서로 비교하는 일이 많았고 영향을 주기도 했습니다. 1870년대에 말이 달리는 모습, 사람이 걷는 모습을 연속으로 촬영했을 때 우리 눈으로 보았을 때와 차이가 크다는 사실을 알았지요. 사람의 눈은 대상 그 자체를 보는 것이 아니라 대상으로부터 오는 빛을 보는 것이라는 사실을 알게 되면서 미술사에 인상파가 등장합니다.

사진이 사회에 퍼져 가면서 사람들 사이엔 한 걸음 더 나아가 움직이는 이미지를 담아낼 방법이 없을까 고심하는 사람들이 늘어났습니다. 영화가 탄생하려는 '태동'이라고 할 수 있지요. 앞서 말했듯이 사진을 연속으로 돌림으로써 마치 움직이는 것처럼 보이는 영상 미디어, 바로 그것이 영화이지요. 영화의 영어 표기인 'motion picture'의 뜻이 그렇듯이, 일본과 한국에선 영화가 처음 들어올 때 직역하여 '활동사진活動寫眞'이라고 했어요. 물론 그 뒤 무비movie, 시네마cinema, 필름film과 같은 말이 나오면서 번역어는 '영화'로 정착했습니다.

영화는 사진술과 사진기, 필름의 발명이 있었기에 가능했습니다. 물론, 그 기술을 바탕으로 영화가 자동적으로 만들어진 것은 아니지요. 그건 신문도 방송도 인터넷도 마찬가지였습니다. 다만 영화는 신문, 방송, 인터넷보다 산업적 동기가 더 컸지요. 영화가 최초로 상영되기 전부터 특허를 받아 냈거든요.

영화로 첫 특허를 받은 사람은 프랑스의 뤼미에르 형제입니다. 오귀스트 뤼미에르와 루이 뤼미에르, 두 형제의 아버지는 그림을 그리다가 사진작가로 활동했어요. 두 아들은 아버지가 지닌 예술적 감수성과 과학적 호기심에서 깊은 영향을 받았다고 합니다. 뤼미에르 형제는 움직이는 사진을 촬영하고 한꺼번에 영사할 수 있는 기술을 개발해 1894년 2월 13일에 특허를 얻었지요. 그해 여름에 노동자들이 공장에서 나오는 장면을 촬영했습니다. 마침내 1895년에 뤼미에르 형제는 파리에서 영화 상영회를 열었어요. 〈공장의 출구〉, 〈기차의 도착〉, 〈물 뿌리는 정원사〉를 비롯해 10편의 '활동사진'을 상영했지요. 정지된 사진만 보아 왔던 사람들에게 활동사진은 폭발적인 관심을 불러일으켰습니다.

활동사진에 이야기를 담기 시작하면서 비로소 무성영화 시대가 열리지요. 지금은 영화를 볼 때 소리가 들리지 않는다는 걸 상상도 하기 어렵겠지만, 소리를 활동사진에 담아낼 기술이 없었기에 무성영화 시대는 사뭇 오래갔습니다. 알려 줄 정보가 필요하면 중간에 자막으로 처리했지요. 무성영화는 1920년대 후반에 들어서야 유성영화로 진화했고, 1930년대부터 흑백이던 영화가 컬러로 바뀌어 갔습니다.

〈쥬라기 공원〉과 할리우드 공식

미디어로서 영화가 신문, 방송, 인터넷, 광고와 상대적으로 비교되는 특성은 산업적 동기가 크다는 점 못지않게 예술이라는 점에서도 찾을 수 있습니다. 영화라는 미디어의 예술적 성격은 두 가지로 간추려집니다.

첫째, 영화는 산업 예술입니다. 태동할 때부터 산업적 동기가 강했던 역사적 배경을 이미 짚었듯이, 영화는 다른 예술과 달리 처음부터 돈을 벌기 위한 목적이 컸고 지금도 마찬가지입니다. 영화 자체가 과학과 산업의 산물이지요. 무성영화에서 유성영화로, 흑백에서 컬러로 발달해 온 과정을 보아도 그렇습니다.

영화 〈쥬라기 공원〉

　우리 사회에서 영화가 '문화 산업'으로 논의될 때 사람들의 입에 오르내린 작품이 있지요. 스티븐 스필버그가 감독한 〈쥬라기 공원〉입니다. 김대중 정부가 들어서며 처음으로 열린 국무회의에서도 〈쥬라기 공원〉 영화가 거론되었어요. 공룡을 다룬 영화 한 편이 온 세계에 배급되어 벌어들인 돈이 현대자동차 3만 명이 1년 내내 뼈 빠지게 일해서 벌어들인 순수익보다 많더라는 이야기가 국무회의 자리에서 나왔다고 하지요. 김대중 정부는 실제로 경제적 부가가치 효과가 높다고 판단해 문화 산업 육성에 나섰습니다. 그 시기 문화관광부 예산의 3분의 1이 영화, 디자인, 애니메이션과 같은 문화 산업의 기반 조성에 투자되었지요.

둘째, 영화는 종합-집단 예술입니다. 영화는 시간이 정지된 사진에 시간은 물론 공간을 확장해 담아냅니다. 시간 예술이자 공간 예술인 영화는 제작 과정에서 미술과 건축, 음악, 무용, 문학을 모두 통합할 수 있습니다. 확장된 시간과 공간에 두루 담아낼 수 있기에 종합 예술이라고 하지요. 동시에 영화는 집단 예술입니다. 영화한 편을 만들려면 감독과 영화배우는 물론, 시나리오 작가·촬영·감독·조명·음향·미술·편집을 비롯해 많은 사람이 필요합니다.

종합-집단 예술인 동시에 산업 예술로서 영화는 극장에서 유료 관객들에게 상영하기 위해 만들어져 왔습니다. 실제로 미디어로서 영화의 오락적 기능을 가볍게 볼 수 없습니다. 관객에게 볼거리를 주거나 관객을 사로잡는 이야기의 재미는 자칫 메마를 수 있는 인생에 윤활유가 되기도 하지요.

우리가 만나는 가장 대표적인 오락 영화는 미국 할리우드에서 만들어집니다. 할리우드는 미국 로스앤젤레스시 외곽에 있는 '영화의 중심지'이지요. 1920년 그곳에 영화 촬영소가 설립되면서 발전하기 시작해 현재 미국 영화계의 총본산으로 자리 잡았습니다. 할리우드를 중심으로 자본이 몰리면서 미국 영화는 산업으로서 급성장해 갔고 지구촌 곳곳을 '융단 폭격'한다는 비유까지 나올 만큼 거의 모든 나라에 배급됨으로써 엄청난 수입과 더불어 문화적 영향력을 끼쳐 왔습니다.

이미 1960년대부터 유럽의 영화인과 지성인들은 미국의 일방적

논리가 영화라는 미디어를 통해 여과 장치 없이 무차별적으로 세계로 전파되고 있다고 우려하며 '할리우드가 쏟아 놓은 아편의 논리'에 지구촌 영화 관객들이 중독되어 간다고 비판했지요.

영화, 더 나은 세상을 향하다

할리우드 영화는 일찌감치 한국에도 대량으로 보급되었기 때문에 그 폐해에서 우리도 자유롭지는 않겠지요. 할리우드 영화의 '일곱 가지 법칙'이 알게 모르게 내면화된 한국인도 적지 않습니다. 흑인을 업신여기거나 백인을 선망하는 황인종이 우리 둘레에 많지 않은지, 그 한국인들은 왜 그런 생각을 하게 되었는지 짚어 볼 필요가 있겠지요.

기실 '3S'라는 말이 나온 이유도 할리우드 영화와 무관하지 않습니다. 21세기에 들어서서는 그 말을 쓰는 사람들이 줄어들어 더러는 스포츠 용어로 아는 사람들도 많던데요. 운동선수들에게 기초적으로 요구되는 체력을 나타내는 말로 스피드speed, 지구력stamina, 근육의 힘strength을 가리키지요. 좋은 이야기입니다.

그런데 본디 지구촌에서 '3S'가 퍼져 간 시점은 1950년대부터였습니다. 미국식 생활방식에서 스포츠sports와 함께 섹스sex, 스크린screen이 사람들의 건전한 시민의식을 마비시킨다는 비판적 의미를 담고 있지요. 그들에게 영화는 환각제입니다.

한국에선 그 말이 군부 독재 시대에 설득력을 얻었어요. 실제로 군부는 민주주의에 대한 국민적 열망을 돌리기 위해 '3S'를 이용했으니까요. 가령 1980년 5월 민주 시민들을 수백 명 학살하며 쿠데타로 정권을 장악한 전두환은 스포츠, 섹스, 스크린을 적극 이용했습니다. 프로야구단 창설, 포르노 비디오와 에로 영화들이 범람한 사실이 그 '증거'들이지요. 심지어 컬러텔레비전의 도입도 그 맥락으로 설명하는 사람들이 있습니다.

　프로야구를 즐기는 사람들이 많은 오늘의 시점에선 '3S'라는 말이 선뜻 다가오기 어려울 터입니다. 가족이나 친구, 연인끼리 직접 야구장을 찾거나 텔레비전 생중계로 프로야구를 즐기는 일 또한 여가생활이지요. 다만, 스포츠와 섹스, 스크린이 적잖은 사람들에게 정치에 대한 무관심을 불러오고 주권 의식을 흐리게 한다는 사실 또한 염두에 둘 필요는 있겠지요. 더구나 '3S'는 서로 맞물려 있거든요. 영화에서 섹스는 언제나 주된 소재이지요. 스포츠도 스크린을 타며 열광자들을 만들어 냅니다.

　심지어 프랑스 비평가 조르주 뒤아멜은 영화를 '노예의 소일거리'라고 비판하고 '무식하고 비참하고 일과 걱정 속에서 지칠 대로 지친 인간들의 오락'이라고 풀이했습니다. 뒤아멜은 영화가 아무런 정신 집중도 요구하지 않고 아무런 사고 능력도 전제하지 않는다며 '가슴에 아무런 빛도 밝혀 주지 않고 또 어느 날엔가는 스타가 되겠다는 가소로운 희망 이외에는 아무런 희망도 불러일으켜 주지 않는 구경거리'라고 홀대했어요. 그래서 영화가 예술이라는 데 동의하지 않는 사람도 있습니다. 예술은 정신 집중을 요구하는 데 반해 대중은 정신 분산, 곧 오락을 원한다고 그들은 개탄하지요.

하지만 모든 영화를 노예의 소일거리라고 단순화해 적대시하는 것은 바람직하지 않습니다. 만일 영화가 할리우드처럼 죄다 오락만 중시하며 돈을 벌기 위한 목적으로 만들어진다고 생각한다면, 균형을 잃은 판단이지요. 이미 영화 미디어를 개척할 초기부터 오락과 전혀 다른 사회적 의미를 부여한 사람들이 엄연히 있었으니까요.

이를테면 무성영화 시대에 미국의 전설적 배우이자 감독인 찰리 채플린을 볼까요. 채플린의 영화에는 '섹스'가 나오지 않습니다. 오히려 가난한 사람들의 청순한 사랑이나 생활의 고통을 담아 많은 사람의 사랑을 받았지요. 채플린은 똑똑한 사람이 연기를 못하고 아둔한 사람이 연기를 잘하는 것을 많이 봤다면서 연기는 본질적으로 머리로 하는 것이 아니라 가슴으로 하는 것이라는 말을 남겼어요. 사람은 개개인이 다양한 능력-학교 공부 잘하는 게 모든 기준이 되는 한국 사회에서 대다수가 놓치기 쉬운 능력들-을 지니고 있다는 증언이지요.

채플린이 활동하던 시기에 러시아 혁명이 일어난 모스크바에서는 영화의 전설처럼 불리는 〈전함 포템킨〉이 상영됐습니다. 1925년 세르게이 에이젠슈테인이 감독한 〈전함 포템킨〉은 러시아에서 일어난 민중 혁명을 주제로 삼음으로써 영화가 사회를 바꾸는 무기가 될 수 있다는 사실을 많은 사람에게 깨우쳐 주었습니다. 러시아의 전함에서 실제 일어난 반란 사건을 다룬 이 영화는 밀려오는 군대와 도망가는 사람들, 치켜든 칼과 피 흘리는 여인의 얼굴을 이어 붙이는 '몽타주' 편집을 처음 선보인 작품이지요. 시민들이 계단에서 학살당하는 장면은 그 뒤 여러 영화에서 반복되어 나타날 만큼 명장면입니다. 특히 코사크 기병대의 칼을 맞고 쓰러진 엄마의 손을 떠난 유모차가 아기의 울부짖음 속에 계단을 굴러 내려가는 모습이 충격을 주었지요.

지금도 마찬가지입니다. 영화를 통해 더 나은 사회를 만들어 보려는 움직임은 꾸준히 진행되고 있습니다. 자본의 도움을 받지 않고 제작되는 독립 영화들이 그 보기이지요.

할리우드 영화의 본산인 미국에서도 전혀 다른 성격의 영화를 만들어 내는 감독이 활동하고 있습니다. 마이클 무어가 대표적인데요. 그는 주로 다큐멘터리 영화를 제작하고 있습니다. 미국의 군사적 침략주의를 고발하는 영화는 물론, 가난한 사람들이 치료받기 힘든 미국 의료제도, 부익부 빈익빈의 자본주의를 고발하는 영화들을 제작해 큰 호응을 받았지요.

마이클 무어 감독은 조지 부시 대통령이 이라크를 침략한 직후에 아카데미 최우수 다큐멘터리상을 수상한 자리(2003년 3월)에서 "우리는 이 전쟁을 반대한다. 부시, 부끄러운 줄 아시오"라고 연설해 주목을 받았습니다. 2004년에는 알카에다가 미국의 무역센터

건물을 여객기로 폭파한 9·11 테러를 조지 부시가 사전에 알고도 대처하지 않았다는 의혹을 담은 영화 〈화씨 9/11〉로 다시 주목받았습니다.

마이클 무어 감독을 싫어하는 미국 내 극우 세력은 그를 죽이겠다고 공공연하게 선언했고 행동에 옮기기도 했습니다. 심지어 〈마이클 무어 쏘기〉라는 다큐멘터리를 만든다며 무어의 집을 무단으로 침입해 비디오를 촬영한 사람도 있었지요. 거듭되는 살해 위협으로 무어는 전직 미 해군 특수 부대원 9명을 고용해 24시간 그와 가족을 지키게 했습니다. 그리고 대외 활동을 중단했지요. 3년 가까이 일을 하지 않고 은신했던 무어가 다시 활동하게 된 계기는 역설이지만 조지 부시 대통령의 연설이었어요. "테러리스트에게 굴복하면 테러리스트가 승리할 것"이라는 부시의 말에서 무어는 "부시라는 테러리스트가 나를 상대로 이기고 있었다"는 걸 깨달은 뒤 다시 작품 활동을 시작했습니다. 무어는 2009년에는 〈자본주의: 러브스토리capitalism: a love story〉를 제작해 자본주의 사회의 문제점을 아주 쉽게 풀어 주었습니다.

세상을 바꾼 영화의 힘

영화가 미디어로서 신문이나 방송 못지않은, 아니 그것을 뛰어넘는 힘을 갖고 있다는 사실을 단적으로 보여 준 보기로 2011년에 상영된 영화 〈도가니〉를 들 수 있습니다.

영화 〈도가니〉

　〈도가니〉는 광주 지역의 사회복지 법인이 운영하는 인화학교에서 일어난 실화를 바탕으로 쓴 소설을 영화로 만든 작품이지요. 사회적 약자인 '청각장애 청소년'들에 대해 학교 교장을 비롯해 사회적으로 '존경'받는 사람들이 성폭행을 저지르고도 그것을 은폐해 흐지부지 넘긴 사건을 다룬 영화는 극장에서 2011년 9월 개봉된 직후 첫 주에 이미 90만 명이 몰릴 만큼 파문을 일으켰어요. 단순히 감동에 그치지 않았습니다. 힘없는 장애 청소년들을 성폭행하고 농락한 '어른'들이 변호사는 물론 경찰·검사·판사·교수까지 가세해 모두 풀려나는 장면에서, 그에 항의하는 사람들이 경찰이 마구 쏘아 대는 물대포에 맞아 아스팔트로 쓰러지는 장면에서 영화를 본 관객들은 분노했습니다.

결국 경찰은 인화학교의 성폭행 사건에 재수사를 펼쳤고, 2005년 사건이 일어날 당시에 '법망'을 피해갔던 가해자가 6년 만에 구속되었습니다. 사건이 발생했던 광주 인화학교는 폐교 처분됐지요. 장애인 성폭행에 대한 형량도 늘어나고 사회복지 법인에 공익이사가 참여하는 법 개정도 이뤄졌습니다. 한 편의 영화가 얼마나 큰 힘을 가질 수 있는지를 보여 준 사례입니다.

영화 〈도가니〉에 사람들이 몰릴 때, 한 신문사의 젊은 기자가 반성문을 썼는데요. "영화 〈도가니〉가 고발할 때까지 우리 기자들은 뭘 했나." 제목 아래 쓴 젊은 기자의 반성문은 미디어로서 신문과 영화 사이의 관계를 짚어 보게 합니다(동아일보, 2011년 10월 3일자).

그 기자는 영화를 본 뒤 "기자를 포함한 언론은 직무 유기라는 죄를 지었다. 소설가와 영화감독이 교육계와 법조계가 한통속이 돼 숨기려 한 진실을 밝혀내기 위해 오랜 시간 열정을 쏟는 동안 언론은 무엇을 하고 있었던가. 그런 언론이라면 피해자들을 가뒀던 '도가니'의 일부가 될 수밖에 없다"면서 약자의 아픔이 우리 사회의 아픔이라는 것을 왜 잊고 있었는지, 이젠 기자와 언론이 반성문을 쓸 차례라고 썼습니다.

지금까지 살펴보았듯이 영화는 환각제이기도 하고 각성제이기도 합니다. 사회적 약자들이 부닥친 삶의 문제를 조명하여 그것을 우리 사회가 풀어야 할 의제로 설정함으로써 건강한 여론을 형성하는 미디어 구실을 똑똑히 수행한 대표적 보기가 영화 〈도가니〉입니다. 분명 그것은 환각제와는 정반대의 각성제이지요.

영화가 〈도가니〉처럼 다른 미디어들에 견주어 강력한 힘을 발휘할 수 있었던 것은 그것이 들머리에서 말했듯이 예술과 결합한 미디어이기 때문입니다. 예술적 감성이 더해졌기에 사람들에게 강렬한 인상을 줄 수 있었지요. 영화에는 실제로 일어난 사실과는 다른 대목도 있습니다. 가령 주인공인 인화학교 신임 교사도 허구적 인물이지요. 하지만 그렇다고 해서 〈도가니〉라는 영화의 의미가 줄어드는 것은 전혀 아닙니다. 사실을 중시하는 신문이나 방송과 달리 영화는 예술로 의제를 설정하니까요. 사실을 바탕으로 그 사실에 담긴 의미를 두드러지게 하는 예술적 재구성이 이뤄지지요.

국제 사회에서도 영화가 세상을 바꾸는 데 동참하는 사례가 있습니다. 2021년 7월 부산 국제어린이청소년영화제 초청작으로 상영된 영화 〈그레타 툰베리〉가 있는데요. 스웨덴의 환경운동 소녀 툰베리의 활동을 다룬 다큐멘터리 영화입니다. 2018년 8월에 15살의 툰베리는 스웨덴 국회의사당 앞에서 '기후를 위한 학교 결석'이라는 팻말을 내걸고 1인 시위를 시작했습니다. 툰베리의 이야기를 들어주는 사람들이 하나둘씩 늘면서 화제를 불러일으키기 시작했습니다. 툰베리는 친구들과 함께 매주 금요일에 시위를 벌였지요. '미래를 위한 금요일 시위'로 이름 붙였습니다. 그러자 다른 나라 10대들도 동참해 지구촌의 170여 개국 1400만 명이 동참하기에 이르렀지요. 툰베리는 2019년 9월 미국 뉴욕에서 열린 환경 정상회의에도 참여해 발언할 정도로 환경운동에 큰 영향을 끼쳤습니다.

툰베리는 세계 각국의 국정 책임자들이 "영구적인 경제 성장이라는 환상"으로 미래 세대를 망치고 있다고 연설했지요. "여러분들은 헛된 말로 감히 나의 꿈과 어린 시절을 도둑질하고 있다"고 강조했습니다.

영화는 툰베리가 초등학교 고학년 때부터 자폐 증세를 보였다는 사실도 담아냈습니다. 툰베리는 장애를 극복하며 자신의 생각을 펼쳐갔지요. 2021년 12월 미국 신문과의 인터뷰에서 툰베리는 "처음 학교에서 기후 위기에 대해 들은 건 여덟 살 때였다. 갈수록 큰 문제인데도 제대로 된 대응이 없다는 것을 깨달았다. 부모는 물론 학교 친구들도 모두 기후 위기에 관심이 있다고 말하면서 행동에 나서지 않았다"며 1인 시위에 나선 이유를 설명했습니다. 툰베리의 활동을 생생하게 담은 다큐멘터리 영화는 지구촌 곳곳에서 상영되며 환경운동 확산에 기여했습니다.

영화를 통해 예술과 미디어가 만날 때 얼마나 큰 힘을 발휘할 수 있는가를 우리가 인식할 때 〈도가니〉나 〈그레타 툰베리〉를 넘어서는 창조적인 작품들이 곰비임비 나올 수 있을 것입니다. 이런 작품들을 만들 사람들이 이 책의 독자 가운데도 나타나리라고 저는 확신합니다.

일곱 가지 할리우드 법칙

1984년 프랑스 영화학자 기 앙드벨이 영화 전문지에 기고한 할리우드 영화의 '왜곡된 공식' 가운데 공감을 얻고 있는 일곱 가지 법칙이 있습니다.

1. 현실 왜곡과 분칠

할리우드 영화는 실제로 일어날 수 있는 일은 다루지 않는다. 현실에서 거의 볼 수 없는 사건들을 '모조 세계'로 치장한다. 그런 구도에 빠지도록 늘씬한 외모를 지닌 남녀 배우를 등장시켜 화려한 수사적 언어를 남발하며 넉넉한 환경에서 출생한 이들을 주인공으로 내세운다. 결국 관객들은 영화를 보는 시간 내내 대리 만족, 환상 체험과 같은 허구적 공간에 놓인다.

2. 아메리칸드림 전파

제3세계에서 가난하게 살던 사람이 미국으로 이주해 부와 명예를 획득하는 과정을 자주 보여 줌으로써 세계 각국 사람들에게 미국으로 가야 자신의 포부와 꿈을 실현시켜 인생의 승리자가 될 수 있다는 가치관을 심어 준다.

3. 이념의 모호성

할리우드 영화에서 명확한 관점으로 문제를 제기하는 것은 드물다. 그런 표현 방법은 단순히 상업적 목적에 그치지 않는다. 특정 사안에 대한 비판적 주장을 일찌감치 제거하는 효과를 거두고 있다.

4. 역사의 위조

미국의 이른바 '서부 개척' 시기에 백인들이 저지른 '인디언 학살'과 수탈을 외면한다. 더 나아가 인디언들을 백인들의 방해자로 그린다. 서부 영화에서 볼 수 있듯이 실제적인 정치·사회적 사건은 외면한 채 상황을 꾸며 마치 그것을 사실처럼 전달하는 방법을 쓰고 있다.

5. 여성의 억압

할리우드 영화는 늘 남성 주도로 전개된다. 여성은 언제나 남성의 보호를 필요로 하고 보조자에 머물러 있다. 더러는 그런 상황이 실제 현실을 반영한 것이라고 주장하지만, 여성을 수동적으로 묘사하고 심지어 단순한 이용물로 이용하는 장면을 반복해서 보여 줌으로써 성적 편견을 확대하고 있다.

6. 인종적 편견

영화에서 백인은 언제나 주인공으로 전면에 나서서 화려한 명예를 얻는 반면에 아메리카 선주민은 물론, 흑인, 라틴계, 황인종은 들러리로 내세워 인종 차별을 공공연하게 저지르고 있다. 경제적 능력을 가진 백인 청년이 곤경에 빠진 흑인 처녀에게 도움을 주는 방식의 이야기 전개도 은밀히 포장된 백인 우월주의의 단면이다.

7. 폭력의 면역화

영화에 언제나 폭력이 넘친다. 이를테면 영화 〈다이 하드〉die hard에서 비행기 폭파로 250여 명을 몰살시키는 장면이나 액션·모험극에서 손쉽게 저지르는 인명 살상 장면을 통해 폭력의 야만에 대한 면역성을 전파하고 있다.

미디어에 대해서 알 수 있는 영화들에는 어떤 게 있나요?

미디어를 소재로 한 영화로는 무엇보다 세계적으로 청소년들의 가슴을 사로잡은 〈슈퍼맨〉 시리즈를 들 수 있지요. 영화 속에서 슈퍼맨은 악당들을 물리치는 정의의 수호자입니다. 다만, 영화엔 전 세계를 지배하고 싶은 미국인들의 정서가 깔려 있다는 사실도 유의할 필요는 있지요.

지구촌의 영웅 슈퍼맨이 일상인으로서 가진 직업이 바로 신문기자입니다. 그가 학교를 졸업하고 신문사를 선택한 것은 슈퍼맨으로 활동하는 데 다양한 뉴스와 정보가 집중되는 언론 매체가 최적이라고 생각해서라고 제작자들은 설명했습니다.

미디어를 비판적으로 본 영화로는 〈매드 시티〉가 있습니다. '미친 도시'라는 뜻인데요. 영화는 아내와 두 아이를 둔 아버지가 정리해고 당한 뒤 일어난 사건을 소재로 삼았습니다. 아버지가 회사 경영진에 항의하는 과정에서 일어난 우발적 사고를 놓고 시청률을 의식한

영화 〈슈퍼맨리턴즈〉

방송사가 어떤 왜곡을 저지르는가를 생생하게 보여 줍니다. 영화 〈네트워크〉도 시청률을 얻기 위해서라면 최소한의 도덕적 규범마저 외면하는 텔레비전의 상업주의를 날카롭게 고발한 명작이지요.

영화 〈왝 더 독〉도 1998년 개봉 당시 화제를 불러일으켰습니다. 영화에서 선거를 앞두고 재선을 노리던 대통령이 백악관에 견학 온 걸스카우트 여학생을 성추행한 사실이 일어납니다. 재선이 어렵게 되자, 백악관 참모진은 성추행 사건으로부터 국민의 눈길을 돌리려고 텔레비전을 통해 다른 나라와의 전쟁 상황을 조성한다는 내용인데요. 원제 'wag the dog'은 "개의 꼬리가 몸통을 흔든다"는 말로 '주객전도'를 뜻하지요. '시선을 다른 곳으로 돌리기 위해 연막 친다'를 의미하는 정치적 속어입니다. 영화가 개봉될 당시 미국 대통령 클린턴의 백악관 '섹스 스캔들'이 일어났고 아프리카 수단에 대한 미군의 폭격이 이어지면서 영화는 한층 더 주목받았습니다.

10장

소셜미디어가 뭔가요?

　　　　　　　　　　　　　영화 〈도가니〉와 〈그레타 툰베

리〉로 예술적 미디어가 어떻게

사회를 바꾸는가를 살펴보았는

데요. 더 자세히 짚어 보면 영화만으로 파렴치한 사람들이 구속되

고 법이 개정된 게 아니었으며 환경운동의 확산도 마찬가지였다

는 진실을 발견할 수 있습니다.

　영화 〈도가니〉를 본 관객들이 느낀 안타까움과 분노를 극장을

나와 그저 조용히 삭이고 말았다면 사회적 약자들을 괴롭힌 사

람들과 그들이 누리는 권력은 전혀 흔들리지 않았겠지요. 하지만

〈도가니〉를 본 사람들은 그렇게 하지 않았습니다. 자신들의 분노

를 사회 속의 다른 사람들과 적극 나누어 갔지요. 그 나눔으로 분

노는 눈덩이처럼 커져 갔습니다. 네티즌들은 트위터와 페이스북,

블로그를 이용해 분노를 서로 나누었지요. 그 나눔으로 사회적 약자를 괴롭힌 사람들을 처벌해야 한다는 사회적 여론이 도도한 흐름을 형성할 수 있었습니다.

〈그레타 툰베리〉가 담은 툰베리의 환경운동도 초기에 많은 친구들과 뜻있는 어른들이 여러 미디어를 통해 동참하며 힘을 얻었습니다. 〈도가니〉와 〈그레타 툰베리〉를 보고 감동한 사람들은 여론 형성에 적극 나서며 개개인마다 트위터와 페이스북, 블로그들을 적극 활용했지요. 21세기에 등장해 빠르게 퍼져 간 미디어들입니다. 바로 그 미디어들을 '소셜미디어social media'라고 합니다.

혁명적인 개인 미디어의 등장

새로운 용어들이 모두 영어라서 책을 쓰는 저도 마음이 편하지는 않습니다. 트위터, 페이스북, 블로그만이 아니지요. 에스엔에스SNS라는 말도 신문과 방송, 인터넷에 유행어처럼 나옵니다.

매스미디어를 대중매체 또는 대중 미디어라고 옮겼듯이, 소셜미디어는 사회적 매체 또는 사회적 미디어라고 옮기는 게 옳겠지요. 아니면 다른 말로 쓸 수도 있겠고요. 분명한 사실은 그 미디어들이 서양에서 개발되었고, 바로 그렇기에 영어의 이름으로 보편화했다는 점입니다. 언젠가는 우리말로 자연스러운 번역이 나오리라 기대합니다. 더 나아가 앞으로 새로운 미디어를 한국에서 만들어 낸다면 더 좋은 일이겠지요.

그런 소망 또는 희망을 갖고 사회적 미디어가 앞서 살펴본 매스 미디어들과 어떻게 다른 것인지 하나하나 짚어 보지요. 사회적 미디어가 21세기 들어 매스미디어의 힘을 위협하고 있을 만큼 커 나갈 수 있었던 배경은 단연 인터넷입니다.

우리는 이 책의 첫 장에서 이미 우리 생활의 친구가 된 인터넷이 우리를 게임 중독으로 멍청하게 만들 수도, 집단 지성처럼 똑똑하게 만들 수도 있다는 사실을 알아보았습니다. 사회적 미디어의 발달 과정은 인터넷을 통해 사람들이 더 슬기롭게 생활하려는 열정과 맞물려 있습니다.

미국의 대표적 인쇄 미디어 가운데 〈타임〉이 있습니다. 주간지이지만 미국이 국제 사회에서 지닌 영향력 때문에 지구촌 전반에 걸쳐 영향력 있는 미디어이지요. 〈타임〉은 언제나 한 해를 마무리할 때 올해의 인물을 발표했습니다. 1927년부터이니 전통과 권위를 갖게 되었지요(본디 올해의 인물은 'man of the year'였지만, 1999년부터 'person of the year'로 바꿨어요. 'man'을 'person'으로 바꾸는 과정에 여성들의 줄기찬 싸움이 있었음은 물론입니다). 한해 지구촌에서 가장 화제가 된 인물을 선정해 왔지요. 그동안 올해의 인물로 〈타임〉 표지에 나온 사람은 히틀러, 스탈린을 비롯해 세계적 뉴스를 낳은 사람들이었습니다.

그런데 타임은 1983년 올해의 인물로 신선한 발표를 합니다. '올해의 기계machine of the year'를 선정했지요. 올해의 인물로 선정된 '올해의 기계', 과연 무엇이었을까요?

개인 컴퓨터^{PC}입니다. 인터넷이 꿈틀거리며 태동하는 그 순간에 〈타임〉이 컴퓨터를 올해의 인물로 선정한 것은 시대 변화를 그만큼 꿰뚫었다고 평가할 수 있지요. 인터넷은 1990년 12월 25일 월드와이드웹^{world wide web}이 탄생하면서 보편적 의미를 더합니다. 그 뒤 20년 만인 2010년에 지구촌의 인터넷 이용자는 20억 명을 넘어섰습니다. 2022년에는 48억 명으로 전 세계 인구의 60퍼센트를 아우르는 거대한 제국이 된 셈이지요.

인터넷이 퍼져 가면서 기존의 매스미디어와 성격이 다른 새로운 미디어들이 속속 탄생합니다. 맨 먼저 인터넷을 활용한 신문 창간이 줄을 잇게 됩니다. 1992년 미국 〈시카고 트리뷴〉이 웹에 기반을 두고 세계 최초로 인터넷 신문을 선보였지요. 한국에서는 그로부터 3년 뒤 〈중앙일보〉가 인터넷 뉴스 서비스를 시작했어요. 곧이어 다른 신문사들로 빠르게 퍼져 갔습니다. 기존 신문의 인터넷판과 달리 독자적으로 인터넷 신문을 만들어 보려는 시도가 이어졌지요. 〈대자보〉, 〈오마이뉴스〉, 〈프레시안〉이 잇따라 탄생했습니다.

인터넷 신문이 급속도로 퍼져 가면서 인터넷 신문 등록제를 2005년에 도입했는데요. 그해 말 인터넷 신문은 이미 300개에 육박했습니다. 〈민중의 소리〉, 〈레디앙〉과 같은 진보적 미디어도 탄생하면서 한국 사회의 여론은 과거 3개 신문사(조선일보, 동아일보, 중앙일보)와 3개 방송사(KBS, MBC, SBS)가 독과점하며 주도하던 상황에서 점점 벗어나고 있습니다.

영국 언론이 이미 2006년에 "인터넷의 미래를 알려면 한국을 보라"는 특집 기사를 내보냈을 정도로 한국의 인터넷 문화는 발달해 갔습니다. 그 2006년 말에 〈타임〉은 '올해의 인물'로 특정 인물을 선정하던 방식에서 다시 벗어났습니다. 그해 올해의 인물은 'You'였지요. 바로 '너'이고 '당신'입니다.

〈타임〉이 선정한 너, 당신은 평범한 네티즌들입니다. 〈타임〉은 '당신'이 동영상 공유 사이트 유튜브와 개인 블로그 사이트 마이스페이스^{Myspace}를 통해 전 세계 미디어의 영역을 장악하고, 디지털 민주화를 이뤘다고 선정 배경을 설명했습니다.

유튜브는 다음 장에서 다루기로 하고 블로그를 먼저 살펴볼까요. 블로그^{blog}는 망網을 뜻하는 웹^{web}의 'b'에 항해 일지를 뜻하는 로그^{log}를 더한 말입니다. 인터넷에 개개인이 일상적인 일기에서부터 사회적 쟁점까지 글은 물론, 사진과 동영상을 차곡차곡 올릴 수 있지요.

동영상이나 블로그와 같은 개인 미디어의 확산을 〈타임〉은 아무 머뭇거림 없이 '혁명'이라고 단언했습니다. 생산성과 혁신의 폭발이라고 평가하며 이는 단순히 세상을 바꾸는 게 아니라 세상이 변화하는 방식마저 바꿀 것이라고 전망했습니다.

〈타임〉이 네티즌을 올해의 인물로 뽑았을 때, 페이스북^{Facebook}은 막 태어난 시점이었지요. 2004년 2월 당시 채 스무 살이 안 되었던 미국 하버드대 학생 마크 주커버그가 학교 기숙사에서 사이트를 개설하며 탄생했지요. 처음에는 학교 내 학생들만 이용할 수 있도록 제한된 사이트였습니다. 하지만 대학가와 고등학교로 빠르게 퍼져 가면서 2006년 9월에 전자우편 주소를 가진 13세 이상의 모든 학생에게 개방했지요. 다국적 인터넷 포털 회사인 야후가 10억 달러(우리 돈 1조 2000억 원)로 인수하겠다고 제안했으나 거절해 화제가 되기도 했습니다.

〈타임〉은 2010년 올해의 인물로 페이스북 창업자이자 최고 경영자인 마크 주커버그를 선정했습니다. 주커버그가 발명한 페이스북이 지구촌에서 살아가는 사람들의 10분의 1을 연결했다고 선정 이유를 밝혔습니다. 2012년 1월에 주커버그는 자신의 페이스북에 "인터넷은 보다 열린 세상을 만들고 세계를 연결시켜 주는 가장 강력한 도구"라고 썼지요.

페이스북과 함께 젊은 세대에게 급속도로 퍼져 간 미디어는 트위터Twitter입니다. 트위터는 140자 이내 짧은 글로 자신의 의견이나 생각을 소통하며 공유하는 사이트이지요. '지저귀다'의 뜻 그대로 재잘거리듯이 일상의 작은 이야기들을 그때그때 짧게 올릴 수 있는 온라인 공간입니다.

트위터에는 자기가 관심 있는 상대를 따르는 '팔로follow'라는 기능이 있습니다. 비슷한 생각을 지닌 사람을 '필로어follower'로 등록하여 실시간으로 정보나 생각, 취미, 관심사를 공유하지요. 상대가 허락하든 않든 팔로어로 등록할 수 있어 '유명 인사'를 등록해 놓고 그들의 동정을 파악하거나 격려 메시지를 보내기도 합니다.

스마트폰으로 글을 올리거나 받아볼 수 있으며, 댓글을 달기도 하고 특정 글을 다른 사람들에게 퍼뜨릴 수도 있습니다. 트위터를 통해 자신이 어디에 있든, 무슨 일을 하고 있든, 남기고 싶거나 하고 싶은 이야기를 다른 사람에게 전하며 소통할 수 있지요. 트위터는 활용 여부에 따라 단순 일기장, 속보 전달, 메모장, 마케팅 도구, 펜팔을 비롯해 활용도가 '무궁무진'합니다.

트위터나 페이스북처럼 사람들이 온라인을 통해 서로 연결되어 주고받는 현상을 소셜 네트워크 서비스social network service라고 합니다. '사회적 관계망 서비스'로 쓰기도 하고 대폭 줄여서 'SNS'라고 부르기도 합니다.

본디 SNS는 참여한 사람들이 서로에게 친구를 소개하며, 관계를 넓혀 나가는 것을 목적으로 개설된 '커뮤니티형 웹사이트'이지요. 웹을 기반으로 이용자들이 친구·선후배·동료를 비롯해 폭넓은 인간관계를 형성하고 관계망(네트워크)을 통해 서로 소통해 나갈 수 있게 하는 서비스입니다.

개개인의 표현 욕구가 강해지면서 사람들 사이에 사회적 관계를 맺게 하고, 친분 관계를 유지하고 강화해 주는 소셜 네트워크 서비스 또한 점점 발달하고 있습니다. 웹을 기반으로 한 카페나 동호회 같은 커뮤니티 서비스가 특정 주제에 관심 있는 집단 사이에 공유하는 폐쇄적 서비스라면, 소셜 네트워크 서비스는 개인인 나 자신이 중심이 되어 자기 관심사와 개성을 함께 담아 갈 수 있다는 점에서 차이점이 또렷하지요.

월드와이드웹이 탄생 20년을 맞은 2010년 들어 스마트폰을 사용하는 사람들이 급속도로 늘어나면서 트위터와 페이스북은 더 확산됐습니다. 2010년 기준으로 트위터 등록자는 1억 7500만 명, 한해 전송된 '트위트'는 250억 건을 넘어섰습니다. 페이스북 이용자도 6억 명을 돌파했지요. 날마다 10억 개가 넘는 새로운 내용이 올라오고 있습니다.

하지만 단순히 양적 팽창만으로 소셜미디어를 바라본다면 세상이 어떻게 돌아가고 있는지 흐름을 놓치기 쉽습니다. 사회적 미디어가 실제 우리 개개인의 삶을 바꾸는 사례를 구체적으로 살펴봅시다.

스마트폰이 불 지핀 민주주의 혁명

지구촌 '올해의 인물'로 페이스북 창업자가 선정된 2010년 12월이었지요. 북아프리카의 지중해 연안에 자리한 국가 튀니지에서 스물여섯 살 모하메드 부아지지라는 젊은이가 온몸에 기름을 붓고 분신자살한 사건이 일어났습니다. 그는 대학교까지 졸업했는데 취업할 곳이 없어 거리에서 과일을 파는 노점상을 하고 있었어요. 어느 날 노점상을 단속한다며 공무원들이 나타났지요. 그에게 허가도 없이 영업을 한다며 뇌물을 내놓으라고 노골적으로 요구했습니다.

생활 형편이 어렵던 젊은이가 그들의 요구를 들어주지 않자, 단속 공무원들은 그의 뺨을 때리고 채소, 과일, 저울을 모두 압수해 갔습니다. 살길이 막막했던 젊은이는 빼앗긴 물건을 되찾으려고 시 당국에 찾아갔지요. 하지만 문전박대만 당했습니다.

높은 자리에 있는 사람을 만나서 자신의 억울함을 하소연하려고 했지만, 건물을 지키고 있던 경찰이 가로막아 들어가지도 못했지요. 아무도 그의 억울한 사정을 들으려고 하지 않았어요. 결국 그는 자살이라는 최후의 수단을 통해 자신의 억울함을 알리려고 온몸에 불을 질렀습니다.

어떤가요? 한국에서도 그때로부터 꼭 30년 전인 1970년 11월에 비슷한 일이 있었지요. 당시 박정희 군부 독재가 민주주의를 억압하고 있었는데요. 서울 청계천의 평화시장에서 스물두 살 전태일이 노동자들의 억울함을 호소하며 기름을 부은 몸에 불을 붙여 분신자살했습니다. 전태일의 분신은 1970년대와 80년대에 걸쳐 민주화운동과 노동운동이 벌어지는 원천이 되었습니다. 하지만 분신한 시점에선 대다수 한국인들이 그 사실을 몰랐지요. 신문과 방송이 작게 보도하거나 외면했기 때문입니다.

2010년 튀니지의 젊은이가 분신자살했다는 소식에 그와 비슷한 또래의 젊은이들은 분노했어요. 예전의 매스미디어 시대였다면 그 분노는 퍼져 가지 못했을 게 분명합니다. 튀니지 독재 정권과 광고의 영향력 아래에 있는 신문과 방송이 제대로 보도하지 않았을 테고, 대다수 튀니지 젊은이들은 자신과 비슷한 처지에 있던 한 20대가 분신자살한 사실도 모르며 살아갔을 가능성이 높지요.

하지만 인터넷과 모바일폰을 통해 부아지지의 억울한 죽음은 소리 없이 삽시간에 퍼져 갔습니다. 분신 소식을 접한 사람들은 분노했습니다. 금세 거리로 쏟아져 나와 반정부 시위가 벌어졌지요. 힘을 모아 큰길로 들어선 젊은이들과 튀니지 시민들은 실업 해소, 식료품 값 안정, 표현의 자유를 부르짖으며 시민으로서 누려야 할 최소한의 기본 권리를 요구했습니다.

경찰은 가난하고 힘없는 사람들의 불평불만이라며 만만하게 보고 무자비한 진압에 나섰지요. 많은 사람이 죽고 부상자가 발생했습니다. 이 또한 예전의 매스미디어 시대였다면 잘 알려지지 않았겠지요. 그냥 묻혔을 가능성이 높습니다.

하지만 사회적 미디어가 경찰의 학살 장면을 생생하게 전했습니다. 결국 경찰의 살인적 진압은 타오르는 불에 기름을 붓는 격이었지요. 처음에 참여하지 않았던 국민들도 대거 거리로 나섰습니다.

사태의 심각성을 파악한 대통령은 뒤늦게 학살의 책임을 물어 내무부 장관을 경질하고 30만 개의 일자리 창출을 약속하고 나섰습니다. 하지만 그런 달콤한 약속에 속아 넘어가기엔 이미 너무 많은 사람들이 죽었고 국민들의 분노는 하늘을 찌를 만큼 높았어요.

2011년 1월 14일, 튀니지 국민 위에서 무려 24년 동안 독재자로 군림했던 벤 알리 대통령과 그의 가족은 분노한 민중에 쫓겨 사우디아라비아로 도망쳤습니다. 거리에서 과일을 팔던 젊은이가 분신한 지 채 한 달도 안 돼 세상이 바뀌었지요. 튀니지 혁명은 그 나라의 국화(나라꽃)인 재스민에 빗대어 '재스민 혁명'으로 불리기도 합니다만, 전형적인 'SNS 혁명'입니다.

자랑할 만한 직장도 없었던 한 과일 노점상이 댕긴 불씨는 튀니지만이 아니라 아랍 전역의 들불로 번져 갔습니다. 그 확산 또한 사회적 미디어들이 있었기에 가능했지요.

튀니지에서 타오른 불꽃은 사회적 미디어를 타고 이집트로 넘어갔습니다. 와엘 고님이라는 이름의 30살 청년은 그 시점에 아랍에미리트연합UAE에 있는 구글 회사에서 마케팅 일을 하던 평범한 젊은이였지요. 와엘 고님이 나중에 이집트 민주화의 영웅이 된 계기는 인터넷이었습니다. 한 이집트 청년이 경찰의 가혹 행위로 참혹하게 죽었다는 소식을 인터넷을 통해 알게 되었거든요.

2010년 6월 이집트 제2의 도시 알렉산드리아에 사는 칼리드 사이드라는 청년이었습니다. 경찰은 그가 마약 중독으로 사망했다고 발표했어요. 하지만 죽은 그의 얼굴은 처참하게 짓이겨져 있었고 입안의 치아들이 절반이나 부서져 있었습니다. 와엘 고님은 이집트 경찰이 저지른 게 확실한 고문의 잔혹한 실태를 고발하기 위해 페이스북에 그를 추모하기 위한 페이지를 만들었습니다. 제목에 '우리 모두가 칼리드 사이드다'라고 썼지요.

와엘 고님이 만든 페이스북은 순식간에 이집트의 젊은 네티즌들 사이에 퍼져 나갔습니다. 그의 용기 있는 작은 행동이 이집트 젊은이들을 하나로 결집시킨 구심체가 된 것이지요. 그런 과정에 튀니지에서 민주화운동이 성공해 독재자가 쫓겨나는 사건이 일어난 것입니다. 와엘 고님은 페이스북을 통해 "튀니지도 해냈는데 왜 이집트가 못하겠느냐?"라고 썼지요. 그는 아랍에미리트연합에 있던 구글 회사에 개인적 사정을 핑계로 휴가를 냈습니다. 이어 이집트로 가는 비행기에 용기 있게 올라탔어요.

조국 이집트에 들어오자마자 와엘 고님은 곧바로 이집트 경찰에 연행되었지요. 그가 경찰에서 풀려난 뒤 2월 7일 텔레비전 방송사와 인터뷰를 했을 때는 이미 많은 이집트 국민이 독재자와 맞서 희생을 치르고 승리를 눈앞에 둔 상태였습니다. 본의는 아니었지만 그는 시위에 동참하지 못한 것을 못내 아쉬워하며 "저는 영웅이 아닙니다. 영웅은 거리에서 목숨을 걸고 시위에 참석했던 여러분들"이라고 겸손하게 말했습니다.

평범하게 직장을 다니고 있던 젊은 노동자였지만 여러모로 훌륭하지요? 그는 이어 "이것은 인터넷을 사용하는 젊은이들의 혁명이었습니다. 그런데 곧 이집트 젊은이 모두의 혁명이 되었고, 결국 이집트 전체의 혁명이 되었습니다"라고 덧붙였이요.

결국 이집트에서 32년 동안 권력을 휘두르던 호스니 무바라크 대통령도 물러났습니다. 이집트와 튀니지 사이에 있는 나라 리비아에선 훨씬 많은 사람이 목숨을 잃었습니다. 리비아의 지도자는 한때 나라 안팎의 많은 사람들로부터 존경과 찬사를 받았던 무아마르 카다피였어요. 튀니지와 이집트 대통령이 차례로 쫓겨난 2011년 2월 22일에 카다피는 갈색 터번과 겉옷을 걸치고 선글라스를 쓴 채 텔레비전 방송에 나타났습니다.

카다피는 1986년 미국이 리비아를 공습할 때 불타 버린 건물을 기자회견 장소로 택했어요. 의도적으로 선택했겠지요. 격정적으로 연설했습니다. 카다피 퇴진을 요구하는 시위대에 튀니지나 이집트 대통령과 달리 저주를 퍼부었습니다. 이어 자신은 결코 물러나지 않겠으며 결사적으로 항전하겠다고 으름장을 놓았지요.

카다피는 민주주의를 요구하며 시위에 나선 젊은이들을 '마약'에 취했다고 단언했습니다. 이어 "쥐 떼와 같이 나라를 휩쓴 그들을 잡아야 한다"며 거리로 나선 청년들에게 총을 쏘라고 군대에 지시했습니다. 텔레비전에서 카다피가 연설을 하던 그 순간에, 이미 거리에서는 600여 명의 리비아 청년이 목숨을 잃었습니다.

리비아 상황은 사회적 미디어를 통해 나라 안팎으로 퍼져 갔습니다. 리비아 군대에 학살당해 가던 시위대들은 페이스북을 통해 국제 사회의 도움을 호소했지요. 결국 3월 19일 프랑스가 주동해 유럽의 나토 군대가 유엔 결의를 근거로 무력 개입에 나섰습니다. 그 뒤 7개월 동안 나토의 전폭기들이 리비아 전역을 공습하면서 나라 전체가 전쟁터로 변했지요. 마침내 그해 10월 무려 42년 동안 최고 권력자로 독재 정치를 펴 온 카다피는 나토군의 도움을 받은 반군에 체포되어 재판도 없이 비참하게 최후를 맞았지요. 한때는 높은 평가를 받았던 '혁명'의 지도자 카다피의 몰락은 '절대 권력은 절대 부패한다'는 진실을, '파수견'으로서 미디어의 언론 자유는 정치 지도자를 위해서도 소중하다는 진실을 새삼 확인시켜 주었지요.

리비아 사태와 이집트, 튀니지 혁명의 중심에는 사회적 미디어가 있었습니다. 리비아는 외국 군대의 개입이 있었기에 사회적 미디어의 힘이 지배적이었던 것은 아니지만, 튀니지와 이집트는 온전한 SNS 혁명이었지요. 두 나라의 젊은이들은 시위 장면을 휴대 전화 카메라에 담아 전송했고, 이는 알자지라와 같은 위성 채널을 통해 아랍의 모든 지역에 중계되었습니다. 블로그나 트위터, 페이스북에 올린 정보들 또한 국경을 초월해 모든 아랍 젊은이 사이에서 실시간으로 공유되었지요.

그들은 새로운 매체를 통해 어떻게 시위를 조직하면 좋은지, 정부의 검열을 피하고 안전하게 인터넷에 접속할 수 있는 방법은 무엇인지와 같은 정보도 주고받았습니다. 특히 튀니지에서 정부가 무너지는 장면이 퍼지면서 "무엇을 해도 변화하지 않는다"라며 자포자기하던 아랍 청년들의 의식이 변하면서 변혁에 자신감을 가질 수 있었지요.

우리 모두가 기자인 시대

2011년 1월과 2월의 튀니지·이집트 혁명은 사회적 미디어로 무장한 똘똘한 젊은이들이 독재 정권과 자본의 통제를 받으며 사람들을 멍청하게 만들던 신문과 텔레비전, 광고를 이겨 낸 세계사적 사건입니다. 소셜미디어가 평범한 사람들이 주체인 '민중 언론'임을 입증해주었지요.

사회적 미디어가 더 나은 민주주의를 요구하고 나선 것은 비단 아랍에서만 일어난 일이 아닙니다. 불꽃은 유럽으로 넘어갔지요. 2011년 5월, 스페인에선 '분노하는 자들'이라는 이름의 대규모 광장 시위가 한 달 내내 계속되었습니다. 45퍼센트라는 엄청난 청년 실업률을 모르쇠하는 정부와 정당들에 분노해 청년들이 광장에 텐트를 치면서 저항 운동을 벌였지요. 그들이 모인 광장에서는 서로 토론하고 의견을 모으는 수평적 민주주의, 직접 민주주의가 꽃을 피웠습니다. 시위는 그리스로 퍼져 갔고, 마침내 대서양을 지나 미국으로 퍼져 갔어요.

2011년 9월 17일이었지요. 30여 명의 청년들이 '월가 점령 운동'을 시작했습니다. 월가는 미국 경제의 중심지로 금융 기관들과 증권거래소가 밀집해 있는 곳이지요. 미국 중심부에서 벌어진 아주 작은 시위는 곧이어 사회적 미디어를 타고 수만 명으로 불어났습니다. 그래서였지요. 〈타임〉은 2011년 12월에 '올해의 인물'로 'protester'를 선정했습니다. 항의하는 사람들, 또는 시위자라는 뜻

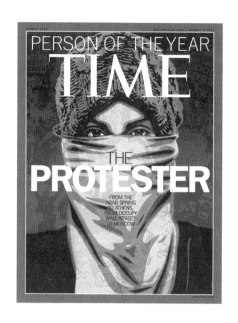

이지요.

한국 사회에서도 사회적 미디어를 이용하는 사람은 해마다 크게 늘어나 포털마다 블로거(블로그를 운영하는 사람)들의 글이 넘쳐 나고 있지요. 심지어 일부 '파워 블로거'들과 대기업 사이에 깨끗하지 못한 돈이 오간 사실이 드러나기도 했습니다만, '1인 미디어(한 사람이 사장이자 편집국장이자 기자인 언론사)'로서 블로그가 기존의 매스 미디어와 다른 '지평'을 열어 가고 있는 것은 바람직한 일임이 틀림없습니다.

블로그는 개개인이 삶의 현장에서 자신이 취재한 사실을 언제든 어디서든 게시할 수 있다는 점에서 '모든 사람이 기자'인 시대의 상징입니다.

사회적 미디어로서 블로그의 가능성은 아직도 열려 있습니다. 블로그가 1인 미디어라면 트위터는 미니 블로그입니다. 실제로 '한 줄 블로그'로 불리기도 하지요. 간단한 자신의 일상을 소개하거나 메모를 쉽고 편하게 남길 수 있어서 많은 사람이 트위터를 이용하고 있습니다. 대중문화가 곧 트윗twit 문화로 통하기도 하지요. 140자라는 제한적인 메시지이지만 트위터는 기업에서도 적극 활용하고 있습니다. 수많은 사람과 대화를 나눌 수 있고, 그 속에서 현재와 미래의 소비자 의견을 수렴할 수 있으니까요. 기업으로선 자신의 제품과 서비스, 신뢰도에 대한 소비자의 솔직한 반응을 과거처럼 엄청난 조사 비용을 들여 파악하지 않아도 실시간으로 그때그때 확인할 수 있게 되었지요.

트위터 열풍은 정치권에도 불고 있습니다. 정치인과 국민 사이의 거리를 좁혀 줌으로써 정치를 냉소하며 무관심했던 국민의 시선을 완화해 주고 있지요. 트위터의 힘은 점점 커져 갔습니다.

'민중매체'로 세상을 바꾸자

트위터를 비롯한 사회적 미디어가 아랍과 유럽, 미국에서 새로운 사회를 꿈꾸는 사람들에게 '무기'가 되었을 때, 한국에서도 비슷한 흐름이 있었어요. 우리가 이미 살펴본 '희망 버스'가 대표적 보기입니다.

'희망 버스'가 기획되는 과정은 물론, 수만 명의 시민들이 버스를 타고 부산의 고공 농성장으로 가는 과정에서 사회적 미디어는 매스미디어에 맞서 자신의 존재감을 또렷하게 드러냈습니다.

특히 크레인 위에서 외롭게 고공 농성 하던 김진숙은 끊임없이 트위터를 함으로써 '정리해고와 비정규직 없는 세상'을 희망하는 사람들과 소통해 나갔지요. 사회적 미디어가 없었다면, 김진숙의 싸움은 매스미디어의 외면 속에 패배로 끝났을 가능성이 높았습니다.

직접적인 정치 활동에도 사회적 미디어는 또렷한 성과를 거뒀습니다. 2010년 6월 지방 선거를 전환점으로 우리 사회에서 복지에 대한 관심이 크게 높아졌지요. 전통적인 매스미디어를 대표하는 〈조선일보〉, 〈동아일보〉, 〈중앙일보〉 3개 신문사가 복지를 '포퓰리즘'으로 몰아세웠지만, 2040세대로 불리는 20대에서 40대까지의 유권자들은 복지 정책을 선택했습니다. 그 과정에서 사회적 미디어는 핵심적 구실을 했지요.

중앙선거관리위원회(선관위)는 사회적 미디어의 선거 참여를 규제하고 나섰는데요. 사회적 미디어를 활용하는 사람들의 거센 반발을 받자 나름대로 법적 근거도 제시했습니다. 공직 선거법 93조 1항이 그것이지요. 그 조항은 선거일 180일 전부터 선거일까지 선거에 영향을 끼치는 '특정한 행위'를 사진 선거운동으로 보고 금지하고 있거든요. 공직 선거법은 그 특정한 행위를 구체적으로 "광고, 인사장, 벽보, 사진, 문서·도화 인쇄물, 녹음·녹화 테이프"로 못 박고 그것을 이용해 정당이나 후보를 지지하고 반대하는 걸 금한 다고 규정했습니다.

이어 "그 밖에 이와 유사한 것을 배부·첩부·살포·상영 또는 게시 할 수 없다"고 덧붙였지요. 선관위는 트위터, 동영상, 블로그와 같 은 사회적 미디어를 이용해 선거운동을 벌이는 것도 그 "유사한 것"에 해당한다며 금지했습니다.

이에 대해 사회적 미디어를 활용하는 사람들은 선관위의 규제가 민주 공화국의 헌법 정신에 어긋난다며 헌법재판소에 제소했지 요. 헌법재판소는 2011년 12월에 사회적 미디어를 이용해 특정 정 당·후보 지지·반대 행위를 금지하는 건 헌법에 어긋난다고 결정했 습니다.

헌법재판소는 사회적 미디어 활동을 규제하는 것은 사전 선거운 동 금지 취지에 맞지 않는다고 옳게 보았지요. 공직 선거법이 사전 선거운동을 못 하도록 한 이유는 정당이나 후보자들의 경제력이 평 등하지 않기 때문이거든요. 기실 광고, 인사장, 벽보를 이용한 사전 선거운동을 허용하면 경제력 좋은 후보에게 유리한 환경이 조성될 가능성이 높으니까 선거의 공정성을 위해 규제가 정당하다고 볼 수 있지요. 그러나 헌법재판소는 사회적 미디어인 SNS를 활용한 선거 운동은 그런 취지에 해당하지 않는다며 다음과 같이 판단했어요.

"인터넷은 누구나 손쉽게 접근할 수 있는 매체이고 이용 비용이

거의 들지 않는다. 인터넷상의 선거운동을 제한하는 건 후보자 간 경제력 차이에 따른 불균형을 방지한다는 입법 목적을 달성하기 위한 적절한 수단이라고 할 수 없다."

헌법재판소의 결정에 따라 2012년부터 SNS를 비롯한 사회적 미디어는 적극적으로 선거운동을 할 수 있게 되었습니다. 누구나 정치에 참여할 수 있는 길이 조금 더 넓어진 셈이지요.

국회와 행정부 중심의 대의제 민주주의에선 유권자들이 선거를 통해서만 정치 참여가 가능했지만 이제 하루 24시간 내내 가동되는 인터넷을 통해 정치 참여가 가능해졌습니다. 사회적 미디어가 앞으로 한국 정치를 어떻게 바꿔갈 수 있을지 주목할 필요가 있겠지요.

사회적 미디어는 정보 제공자(취재원)-정보 생산자(언론)-정보 소비자(독자·시청자) 사이에 오랜 세월 동안 놓여 있던 장벽을 허물고 있습니다. 독자와 시청자가 신문과 방송이라는 전통적 매스미디어의 매개에 절대적으로 의존하는 상황에서 벗어나 '정보 제공자'와 직접 소통할 수 있는 시대로 들어섰으니까요. 사회적 미디어를 통한 뉴스 생산과 그것이 유통되는 구조가 민주화할수록 우리 사회의 권력은 분산되고 다원화되겠지요.

앞으로 사회적 미디어가 사람들이 일하는 방법(노동 방식)에도 변화를 불러올 것으로 전망하는 사람들이 있습니다. 사무실이 필요 없는 일터와 네트워크를 통한 소통은 사람들의 여가와 생활방식,

사고까지 송두리째 바꿀 것이라는 전망도 나옵니다.

물론, 부작용을 우려하는 사람들도 있습니다. 인터넷 중독을 거론하는 사람들은 사회적 미디어의 중독을 걱정하고 있지요. 인터넷 중독이라는 말에 더해 '스마트폰 중독'에 대한 조사도 이미 속속 나오고 있습니다. 사회적 미디어가 사람들을 자신의 일에 집중하지 못하게 한다는 비판도 만만치 않지요. 실제로 잉글랜드 축구 대표팀 감독은 2010년 남아공 월드컵을 앞두고 선수들에게 트위터를 하면 퇴출시키겠다고 엄포를 놓았습니다.

잉글랜드 축구 감독의 예를 들었지만, 의학적 연구가 인터넷 부작용을 뒷받침하고 있습니다. 앞서도 뇌와 지능의 관계를 살폈듯이 우리의 뇌는 인터넷을 많이 사용할수록 더욱 산만해지도록 훈련받게 됩니다. 이를 통해 정보를 빠르고 효율적으로 접할 수는 있지만 지속적인 집중은 불가능해졌지요. 효율성을 얻었지만 집중력을 잃어버렸다는 경고인데요. 사회적 미디어를 통해 우리가 획득하는 정보들은 전체 문서의 일부분이나 몇몇 단어로 분절화되어 있어 웹에서 검색할 때는 숲을 보지 못한답니다. 아니, 숲은커녕 나무조차도 제대로 보지 못하고 잔가지와 나뭇잎만 볼 뿐이라고 개탄하는 사람도 있습니다.

중고등학교 교실에서 10대들과 30년 넘게 만나고 은퇴한 어느 선생님은 "인터넷이 문화적으로 소외된 사람들에게 정보의 혁명을 가져다주었지만, 모든 혁명이 그렇듯이 스스로 획득한 것이 아니라 제공되는 것일 때는 폐해가 있기 마련"이라며 손쉽고 편리한 면만 취득한다면 이기적이고 물질적인 인간이 되기 쉽다고 우려했습니다. 실제 학교 현장에서 바라보면 인터넷을 유익하게 활용하는 청소년이 적다는 안타까움을 토로하면서 나온 말입니다.

10대들이 "인터넷을 통해 자발적이고 주체적으로 정보를 선택하는 것처럼 보이고 그들 자신도 그렇게 생각하지만, 상업적이고 소비적인 정보의 홍수 속에 소극적인 의미에서만 자유롭게 정보를 선택하고 있을 뿐"이라는 진단에 이어 인터넷이 책을 읽거나 생각하는 시간을 빼앗고 중독에 빠져들게 한다는 교사의 지적은 새겨 볼 문제임이 틀림없습니다.

정치·사회적으로도 트위터와 페이스북에서 주고받는 정보는 너무 가볍다는 비판도 성찰할 대목입니다. 일상적인 사소함에 근거한 '약한 연결'로 과연 근본적인 사회 변화가 가능한가 하는 질문을 던질 수 있지요. 아랍에서 독재 정권은 물러났지만, 정말 민중이 바라는 새로운 사회가 실현되었는가는 결코 가볍게 넘길 물음이 아닙니다. 페이스북의 손가락 클릭인 '좋아요'로는 세상이 안 바뀐다는 주장도 그 연장선이겠지요.

하지만 20세기에서 21세기로 넘어가는 전환기에 태어난 사회적 미디어는 사람들과의 유기적 관계 속에서 지금도 성장해 가고 있습니다. 미디어는 생물이라는 이 책의 명제에 가장 적합한 보기가 바로 사회적 미디어이지요. 평범한 사람들, 민중의 미디어입니다.

소셜미디어가 민주주의를 위협할 수도 있나요?

소셜미디어가 민주주의 성숙에 기여하는 사례들은 하나둘이 아닙니다. 하지만 모든 것을 긍정적으로만 보는 것은 우리의 판단력을 흐리게 할 수 있습니다. 소셜미디어가 지닌 힘을 역이용하거나 악용하는 사람들도 엄존하고 있으니까요.

소셜미디어에 정치권의 '관심'이 높아지자 민주주의 국가에서 일어나서는 안 될 범죄가 발생했습니다. 한 나라의 국가 정보기관이 대통령 선거에 조직적으로 개입하는 사건이 불거졌지요. 2012년 대한민국 18대 대통령 선거 기간 중에 국가정보원의 심리 정보국 소속 요원들이 지시에 따라 인터넷에 댓글을 대량으로 쏟아냈습니다. 국가정보원은 대한민국 최고의 정보기관으로 법적으로 정치에 개입할 수 없는 조직이지요. 그런데 민주주의의 가장 기본인 대통령 선거에 국가정보원이 조직적으로 개입한 것은 국가의 기반을 흔드는 범죄가 아닐 수 없습니다.

사실 2000년대에 접어들면서 정당은 물론 대기업들이 '알바생'을 고용해서 여론을 선동하고 특정 내용을 쟁점화하는 현상이 나타났습니다. 하지만 대통령 직속 국가 기관인 국가정보원이 대선에 개입한 것은 민주주의에 대한 심각한 위협이지요. 더 놀라운 것은 비단 정보기관만이 아니었습니다. 대한민국 국군의 국군사이버사령부와 국군기무사령부도 댓글 조작에 나선 사실이 드러났거든요. 결국 박근혜가 촛불 혁명으로 탄핵당한 뒤 국가정보원의 여론 조작 사건의 진실은 밝혀졌습니다. 국가정보원장을 비롯해 관련자들이 법의 심판을 받았지요.

페이스북, 트위터 등의 사생활 침해는 어느 정도인가요?

한 20대 남성이 어떤 여성을 소개받고 와서 이름을 검색해 보았습니다. 그 여성이 모델 지망생일 때 일어난 불미스러운 일을 알게 되었지요. 비단 국내에서만 일어난 일이 아닙니다. 미국을 대표하는 언론인 〈뉴욕 타임스〉는 인터넷 판에서 "이혼 전문 변호사들에게 새로운 친구가 생겼다"고 보도했습니다. SNS를 다룬 기사인데요. SNS 시대에 개인정보와 프라이버시는 의미가 없어졌다고 단언했습니다.

실제로 페이스북과 트위터를 애용하는 사람들은 자신의 사생활을 별생각 없이 웹에 올립니다. 하지만 자신이 올린 글은 친구에서 친구로 전해지면서 걷잡을 수 없이 퍼질 수 있습니다. 어떤 친구에게 삭제를 요청해도 그 친구와 친구 관계를 맺은 사람들의 페이스북에는 남을 수 있거든요. 따라서 트위터나 페이스북을 하는 사람들이 언제나 염두에 둘 것은 자신의 사생활 이야기를 올릴 때 그것이 언제 어디서 공개될지 모른다는 점입니다.

우리는 이미 인터넷에서 이른바 '신상 털기'를 하는 사이트들을 알고 있습니다. 신상 털기가 때로는 공인에 대한 감시 구실을 하지만 때로는 한 사람의 인격을 치명적으로 손상시키기도 합니다. 서로의 사생활을 존중하는 덕목을 갖추는 게 마땅하겠지만, 그 이전에 스스로 사생활을 지키려는 노력도 필요하겠지요.

개인정보가 많다 보니 2012년 1월에 미국 연방수사국[FBI]은 트위터·페이스북 SNS를 수사에 적극 활용하겠다고 공언했습니다. FBI는 SNS가 주요 정보 수집처로 떠올랐다며 사건에 대한 첫 단서를 수집하기 위해 SNS를 자주 이용할 것이라고 설명했습니다. 이에 대해 우려의 목소리도 커지고 있지요. 사생활 침해 감시 단체들은 FBI가 공식 수사 절차도 없이 모든 사람의 정보를 들여다볼 위험성을 경고했습니다.

인터넷과 SNS 때문에 종이 신문이 사라질까요?

텔레비전이 집집마다 퍼져 갈 때 신문의 몰락을 전망한 학자들은 자신이 틀렸다는 사실을 받아들일 수밖에 없었습니다. 인터넷과 SNS가 보편화되면서 다시 종이 신문의 위기를 전망하는 사람들이 늘어나고 있는데요. 전혀 빗나간 분석은 아닙니다. 실제로 신문 구독률은 떨어지고 젊은 세대일수록 읽지 않는 흐름이 보이니까요.

하지만 미국의 한 전문 계간지에서 '미국은 이라크에 대량 살상 무기가 있다는 점을 발견했는가?'와 '미국은 이라크의 후세인과 알카에다가 연계돼 있다는 사실을 발견했는가?'라는 두 질문에 대해 벌인 설문 조사 결과는 놀랍습니다. 이라크엔 대량 살상 무기도 알카에다와의 연관성도 없다는 사실이 모두 밝혀져 신문이 보도하고 조지 부시 대통령이 궁지에 몰렸을 때 한 설문 조사였는데요. 뜻밖에도 "그렇다"라고 답한 미국인이 적지 않았습니다. 특히 보수적인 〈폭스 뉴스〉 시청자는 두 질문에 각각 33퍼센트, 67퍼센트가 그렇다고 답했어요. 이는 무엇을 의미할까요? 어떤 미디어를 보느냐에 따라 명백한 사실조차 왜곡될 수 있음을 우리에게 새삼 깨닫게 해 주지요.

인터넷과 SNS로 여러 정보들을 과거보다 많이 소통하고 있는 것은 확실히 진전입니다. 하지만 정보가 넘쳐 날수록 중요한 것은 꼭 알아야 할 정보를 제때 얻는 일이지요. 믿을 수 있는 정보를 엄선해서 알려 주는 미디어의 필요성은 더 높아질 수 있습니다. 신문은 그 요구에 가장 부응할 수 있는 미디어입니다. 물론, 실제로 신문이 그런 구실을 하느냐는 것은 별개의 문제입니다. 따라서 문제는 미래에 신문이 살아남느냐 아니냐가 아니라 좋은 신문을 어떻게 만들어 가느냐에 있겠지요. 한 국가를 대표하는 신문은 독자인 국민들이 만드니까요.

11장

유튜브와 미디어의 미래

사회적 미디어의 성장 가운데 가장 두드러진 매체가 유튜브입니다. 유튜브Youtube는 미국의 '무료 동영상 공유 사이트'인데요. 모든 사용자들이 동영상을 올리고 공유하지요. 유튜브는 2005년 2월에 탄생했습니다. 온라인 회사에서 일하던 세 사람이 공동으로 창립했지요.

유튜브가 등장하면서 'UCC'가 '유저'라는 말과 함께 퍼져 갔는데요. 미디어 사용자가 직접 창작한 콘텐츠User Created Contents를 의미합니다. 우리말 '손수 제작물'이 더 알기 쉽지만 아직 많은 이들에게 퍼져 있지 못합니다.

유튜브는 손수 제작한 동영상을 나누고 싶은 사람들의 뜨거운 호응을 얻으면서 세계 최대의 동영상 사이트로 성장했습니다. 정보 과학 기술이 가장 발달한 미국에서 만들어졌기에 출발부터 다른 나라의 동영상 사이트보다 유리했지요.

유튜브에 사람들이 몰리자 대기업이 곧바로 관심을 보였습니다. 창립 이듬해인 2006년에 구글이 16억 5000만 달러(우리 돈 2조 원)라는 천문학적 가격으로 인수했지요. 구글이 인수한 뒤 유튜브는 빠르게 성장해 갔습니다. 마침내 '1인 1채널 시대'를 열었다는 적극적 평가도 나왔지요.

한국에서도 유튜브의 PC 점유율이 이미 2018년에 절반을 넘어서며(53퍼센트) 다른 미디어들을 압도했습니다(국회 입법조사처 보고서). 다른 소셜미디어와 비교할 수 없을 만큼 강력한 미디어로 떠오른 거죠. 전통적 미디어인 TV에 익숙한 40대 이상의 기성세대에서도 TV보다 스마트폰으로 동영상을 시청하는 경향이 높아지고 있습니다. "유튜브가 아니라 갓튜브 GodTube"라는 말이 나돌 정도가 되었습니다. '전지전능한 신의 반열'에 올랐다는 거죠.

1인 1채널 시대와 '갓튜브'

유튜브가 세계적으로 확산되는 상황을 적시에 가장 적절하게 활용한 사례로 다름 아닌 방탄소년단을 꼽을 수 있습니다. 방탄소년단은 2013년 데뷔해 '한국을 대표하는 최정상 보이 그룹'으로 성장했지요. 세계적으로 방탄소년단 열풍이 일어나면서 '21세기 팝 이이콘'으로도 불리고 있습니다. 그들이 성취한 기록은 언뜻 살펴보아도 화려합니다. "미국 빌보드, 영국 오피셜 차트, 일본 오리콘을 비롯해 아이튠즈, 스포티파이, 애플뮤직 등 세계 유수의 차트 정상에 올랐고, 음반 판매량과 뮤직비디오 조회수, SNS 지수 등에서도 독보적인 기록을 써 내려가고" 있습니다. 한 주에 '빌보드 핫 100' 차트와 '빌보드 200' 차트 정상을 동시 정복한 최초의 그룹이라고 하지요. 통산 '빌보드 200' 5차례, '빌보드 핫 100' 5차례 1위를 차지했습니다. 미국의 3대 음악 시상식으로 꼽히는 '빌보드 뮤직 어워드'와 '아메리칸 뮤직 어워드', '그래미 어워드' 무대에서 모두 공연하는 기록도 세웠습니다.

방탄소년단의 이름에서 '방탄'은 말 그대로 '총알을 막아 낸다'라는 뜻인데요. "10대들이 살아가면서 겪는 힘든 일, 편견과 억압을 우리가 막아 내겠다는 뜻을 담아냈다"고 밝혀 눈길을 끕니다.

방탄소년단(RM, 진, 슈가, 제이홉, 지민, 뷔, 정국)은 2018년에 자신들의 성장기를 담은 다큐멘터리 '방탄소년단: 번 더 스테이지BTS: BURN THE STAGE'를 유튜브로 처음 공개했습니다. 유튜브 채널 '방탄TVBANGTANTV'를 통해 무대에서는 볼 수 없었던 현장 이야기를 비롯해 일곱 명이 함께 어려움을 이겨나간 우정을 담았지요.

K-POP을 대표하는 방탄소년단은 2013년 처음 등장할 때부터 적극적으로 미디어를 활용했습니다. 가령 데뷔하기 전부터 블로그를 통해 멤버 개개인의 하루를 일기처럼 적었습니다. 유튜브 채널 '방탄TV'에는 뒷이야기를 담은 영상 '방탄 밤BANGTAN BOMB'을 올

렸지요. 2015년부터 자체 예능 프로그램을 만들어 '방탄 가요', '달려라 방탄'를 선보였습니다.

유튜브의 효과적 활용은 비단 대중음악에서만 일어나는 것은 아닙니다. 우리가 살아가는 사회의 잘못된 고정관념을 바꾸는 데도 큰 도움을 줍니다. 가령 사우디아라비아에서 한 여성이 차를 운전하는 장면이 유튜브 동영상에 등장했습니다.

"여성이 운전을 하는 게 뭐가 나쁘지?"라는 제목이 붙은 동영상에서 이 여성은 까만색 히잡(이슬람의 전통 복식 가운데 하나로, 여성들이 머리와 상반신을 가리기 위해 쓰는 가리개)을 쓰고 자연스럽게 운전을 합니다.

어떤가요? 한국이라면 전혀 신기할 것이 없는 동영상이지요. 하지만 사우디는 세계에서 유일하게 여성의 자동차 운전을 금지하고 있는 나라입니다. 여성에게는 운전 면허증조차 발급하지 않지요. 여성은 반드시 보호자와 같이 다녀야 하며, 외출할 때에는 운전자를 고용하거나 가족 및 친척이 운전하는 자동차에 타야만 합니다. 사우디의 종교 지도자들은 이 규정이 여성 운전자를 낯선 남성과의 만남으로부터 '보호'하기 위한 것이라고 주장합니다.

유튜브에 운전하는 동영상을 올린 용감한 여성의 이름은 32살의 마날 알 샤리프입니다. 마날은 여성이 혼자 운전했다는 이유로 사우디 당국에 체포되었지요. 그녀는 남편도 없고 남성 운선사를 고용할 경제 형편도 안 된다고 호소했습니다.

그럼에도 전혀 받아들여지지 않자 유튜브에 동영상을 올린 것이지요. 그녀의 동영상은 세계적으로 폭발적인 관심을 끌었습니다. 여성 인권을 억압하는 정권에 저항한 마날의 용기 있는 행동은 사우디아라비아 여성의 권리와 운전권 투쟁을 세계에 알리는 계기가 됐지요. 지구촌 곳곳의 신문과 방송이 그녀의 동영상을 소개하는 뉴스를 내보냈습니다.

유튜브 저널리즘의 등장

기존의 신문과 방송들이 지배하던 시대에 사우디의 모든 여성들은 남자 없이는 외출조차 할 수 없었습니다. 그 부당함에 대해 말할 장소도 기회도 없었지요. 저널리즘이 침묵했으니까요. 하지만 소셜미디어가 그들에게 스스로 저널리즘을 펼칠 수 있는 세상을 열어 주었습니다.

지구촌의 몇몇 언론이 마날의 싸움을 보도하자 곧이어 페이스북에 '우리는 모두 마날 알 샤리프다. 사우디 여성들의 권리와 연대에 대한 요구'라는 제목의 페이지가 만들어졌습니다. 사우디 여성과 그 지지자들이 여성 권리 증진을 위해 적극 나섰지요. 여성 운전 금지법을 폐지하기 위한 '우먼 투 드라이브women2drive'라는 단체도 생겼습니다. 이들은 페이스북에 '내가 스스로를 보호할 수 있도록 운전하는 방법을 가르쳐 달라'는 이름의 페이지를 만들어 활동에 들어갔지요.

사우디 왕실은 마날이 사회 질서를 위협하는 존재라며 체포해 수감했습니다. 마날의 싸움이 지구촌 언론에 더 많이 보도되자 사우디는 그녀를 추방했습니다.

하지만 사우디 여성들을 물론 지구촌 여성들의 항의와 연대 움직임을 마냥 무시할 수 없었지요. 결국 사우디 왕실은 2017년 9월 여성 운전을 허용할 수밖에 없었습니다. 그러자 사우디 여성들 사이에 운전면허 취득 열풍이 불었지요. 2018년 6월 지구촌에서 여성의 운전을 금지해 온 유일한 나라에서 마침내 여성이 운전대를 잡았습니다. SNS에는 '#사우디여성운전Saudiwomendriving'이라는 해시태그와 함께 첫 주행을 한 사우디 여성들의 사진과 영상들이 잇따라 올라왔습니다. 풍선을 달고 달리는 차들도 있었는데요. 경찰은 여성 운전자들에게 작은 장미꽃 다발을 선물했습니다.

다만 마날은 CNN과의 인터뷰에서 "사우디 당국이 여성의 운전 허용을 발표한 뒤 정부 관계자가 전화를 걸어 와 언론에 의견을 말하지 말 것을 당부했다"고 밝혔습니다. 오스트레일리아에 살고 있는 마날은 신변 위협 때문에 조국 방문 계획까지 취소했지만, 그녀의 용기 있는 '유튜브 행동'으로 사우디 여성들의 인권은 높아졌지요.

사우디아라비아 사례를 들었지만, 지구촌 곳곳에서 유튜브는 '모든 사람이 언론인으로 활농할 수 있는 시대'를 대표하는 미디어로 빠르게 자리 잡았습니다. 뉴스도 유튜브를 통해 보는 사람들이 늘어나면서 '유튜브 저널리즘'라는 말까지 등장했습니다. 다름 아닌 지상파와 종편 방송사들도 자신들의 플랫폼을 통해 내보낸 프로그램을 유튜브에 올리고 있습니다. 유튜브에 올린 영상들은 구독자 수치나 '좋아요' 수치에 영향을 받기 때문에 아무래도 반응을 의식할 수밖에 없습니다.

유튜브 저널리즘의 등장과 확산은 새로운 미디어 기술이 보편화했기에 가능했지만 그것만으로는 설명하기 어렵지요. 기존의 신문과 방송에 대한 불신이 그만큼 높이 쌓여 왔다고 보아야겠지요.

저널리즘이 가장 발달했다고 자부해 온 미국에서도 2016년 대통령 선거를 치르는 과정에서 새로운 현상이 나타났습니다. 당시 공화당 후보 트럼프의 막말은 기존 신문과 방송들로부터 호된 비판을 불러일으켰지요. 하지만 트럼프는 신문과 방송의 비판을 무시했습니다. 언론 보도에 개의치 않고 계속해서 소셜미디어에 자신의 생각을 담았고 유권자들은 그의 거친 주장에 호응했습니다.

트럼프는 미국의 전통 있는 신문들의 예측과 달리 대통령에 당선되었는데요. 그때까지 미국 대통령 후보들은 당선된 뒤 곧바로 신문과 방송의 기자들과 기자회견을 열었지만 트럼프는 관례를 따르지 않았습니다. 언론과 기자회견을 한 번도 열지 않은 상태에서 그가 선택한 미디어가 바로 유튜브였습니다. 트럼프는 2분 37초 분량의 유튜브 영상 메시지를 통해 취임 즉시 추진할 무역과 6개 분야의 정책 과제를 발표했지요. 핵심은 보호 무역주의 강화,

환경 보호를 위해 시행해 온 규제들의 철폐, 이민 규제였습니다.

기성 언론에 불신이 높은 한국 사회에서 유튜브 저널리즘의 파도는 더 거셉니다. '2020년 대한민국 신뢰도 조사 실시'에서 유튜브가 한국인이 가장 신뢰하는 언론 매체 1위로 선정되었거든요(시사IN 조사 2020년 9월). "신문, 방송, 인터넷 언론, 포털 사이트, 유튜브, SNS 등 우리나라의 모든 언론 매체 중에 가장 신뢰하는 매체를 순서대로 두 가지만 말씀해 주세요"라는 질문에서 1위(13.0%)로 올랐고 2위는 포털 네이버(11.4%)였지요. 유튜브와 네이버 다음에 기존 방송과 신문사들이 줄을 이었습니다.

언론학자들은 유튜브 저널리즘으로 뉴스를 제작하는 사람들이 다양해졌다는 사실을 중시합니다. 포털을 통한 뉴스 소비가 일반화되고 블로그가 활발할 때도 뉴스를 생산하는 곳은 여전히 언론사들이었지만 유튜브가 그 흐름을 바꿔 놓았다는 거죠. 실제로 유튜브에서는 언론인이 아닌 개인들이 '방송 뉴스'를 만들 수 있고 또 그렇게 하고 있습니다.

유튜브의 위험성과 가짜 뉴스

뉴스를 만드는 곳이 다양화되는 것은 바람직한 현상임이 틀림없습니다. 그 점에서 유튜브는 긍정적 기능을 했지요.

하지만 유튜브가 1인 채널이다 보니 여러 문제점들이 나다나고 있습니다. 사람들의 시선을 끌기 위해 '낚시 제목'을 많이 달아 올리거나 선정적이고 자극적인 동영상을 올리기도 합니다. 심지어 서슴지 않고 '가짜 뉴스'를 내보내기도 하지요.

미국 대통령까지 거기에 가세하는 사건도 벌어졌습니다. 2017년 11월에 당시 대통령 트럼프는 "무슬림 이민자가 목발을 짚고 있는 네덜란드 소년을 두들겨 패다!"라는 자극적 제목의 영상을 자신의 공식 트위터로 리트윗했습니다. 그 동영상을 만든 사람은 영국의 악명 높은 극우 인종 차별주의자였는데요. 영국 안에서 철저히 외면받고 있는 사람이 올린 동영상을 미국 대통령이 퍼트린 거죠.

그런데 미국 주재 네덜란드 대사관이 곧바로 사실이 아니라고 밝혔습니다. 문제의 영상에서 폭력을 저지른 가해자는 이민자가 아니라 네덜란드에서 태어나 자랐다고 강조했습니다. 더욱이 네덜란드 언론은 가해자가 무슬림도 아니라고 보도했습니다. 미국 대통령으로 재임하며 자신에게 비판적인 언론 보도를 모두 '가짜 뉴스'로 몰아온 트럼프가 스스로 가짜 뉴스를 퍼뜨렸다는 명확한 증거물이 되었지요. 실제로 트럼프 자신이 백인 중심의 인종 차별주의자였습니다.

더 놀라운 것은 백악관 대변인의 트럼프 변호였습니다. 그는 영상이 진짜인지 가짜인지는 중요하지 않다고 주장했습니다. 기자들에게 "여러분이 초점을 잘못 맞추고 있다고 생각한다"며 "위협은 실재하는 것이고 대통령이 말하고 있는 것도 바로 그것"이라고 주장했습니다.

그로부터 두 달 뒤인 2018년 1월에 가톨릭 프란치스코 교황이 가짜 뉴스를 경고하고 나섰습니다. 교황은 '가짜 뉴스와 평화를 위한 저널리즘'을 주제로 신자들에게 쓴 편지에서 "가짜 뉴스가 효과적인 이유는 진짜 뉴스를 흉내 내고 그럴듯하게 보이기 때문"이라며 "거짓이지만 믿음직해 보이는 뉴스는 고정관념과 사회적인 편견에 호소하고 불안, 분노, 경멸, 좌절 등의 즉각적 감정을 이용해 대중의 관심을 끌기 때문에 효과적"이라고 분석했습니다. 교황은 이어 "거짓된 이야기들은 너무도 빨리 퍼져서 당국(또는 당사자)이 이를 부정하더라도 피해를 막을 수 없다"고 경고했지요. 교황은 구약 성경에 등장하는 에덴동산에서 신이 먹지 말라 한 선악과를 이브가 먹도록 꾀는 사탄을 가짜 뉴스의 오래된 보기로 들었습니다.

미국 신문은 트럼프가 리트윗한 "무슬림 이민자가 목발을 짚고 있는 네덜란드 소년을 두들겨 패다!"라는 영상에 교황이 지적한 가짜 뉴스의 모든 요소가 담겼다고 보도했는데요. 가해 자체는 사실이지만 가해자가 이민자가 아닌 것으로 밝혀졌으며('일부만 사실'), 당시 무슬림 혐오와 반이민 정서에 불을 붙이려던('즉각적 분노') 트럼프 정권의 '정치적 목적'에 부합했다는 거죠.

가짜 뉴스는 민주주의의 가장 중요한 행사 가운데 하나인 선거에도 악영향을 끼칩니다. 가짜 뉴스들이 선거 정국에 넘쳐나면서 유권자들이 정치를 불신하게 되거나 투표를 통한 선택이 잘못될 수도 있으니까요.

더 극단적으로 유권자들이 투표 결과마저 인정하지 않으려는 모습도 나타났습니다. 그 또한 미국 대통령 선거에서 일어났기에 우려가 더 클 수밖에 없지요. 트럼프는 2020년 11월 대선에서 조 바이든 민주당 후보에게 패배했는데도 '부정 선거' 주장을 소셜미디어를 통해 계속 이어 갔습니다. 그러자 그의 지지자들이 2021년 1월 워싱턴에 있는 연방 의회 의사당에 난입하는 사태가 일어났습니다. 위기를 느낀 소셜미디어 대기업들은 행동에 나섰는데요. 트위터는 의사당 난입 사태가 발생하자 8000만 명이 넘는 팔로워를 보유한 트럼프의 계정을 영구 정지시켰습니다. 트럼프가 끊임없이 허위 사실을 유포하고 폭력을 선동해 트위터의 자체 기준을 심각하게 위반했다고 이유를 밝혔습니다. 페이스북도 트럼프의 계정을 정지했고 구글이 운영하는 유튜브도 2021년 3월에 트럼프 계정을 중단시켰지요.

그럼에도 트럼프 지지자들은 계속 그를 열렬히 지지했는데요. 그 배경에는 '알고리즘'의 문제가 있습니다. '미디어 이용자로 하여금 자신의 성향에 맞춰 걸러진(필터링) 정보만을 접하게 하고, 다양한 관점을 접할 수 있는 기회를 막는 현상'을 알고리즘이라고 하지요.

유튜브에 들어가면 누구나 느꼈겠지만 추천 알고리즘을 따라 자신이 자주 보는 영상과 비슷한 영상만 반복 시청하게 됨으로써 자칫 '토끼 굴rabbit hole'에 빠지게 됩니다. 구독자에 맞춰 비슷한 내용의 동영상을 추천함으로써 계속 유튜브에 머물게 하려는 유인 구조이지요. 가령 특정 정치 성향의 동영상을 시청하면 비슷한 성향의 영상이 추천되거든요. 그 추천 영상들을 시청할수록 더 많은 동영상이 추천되면서 결국 특정한 정치 성향의 동영상만을 소비하게 됩니다. 가령 트럼프 지지자들은 그가 옳다는 주장을 펴는 동영상만 보게 된다는 거죠. 트럼프만이 아니지요. 인터넷 시대에 자신이 좋아하는 정치인이라면 어떤 잘못을 해도 지지하는 사례가 미국만이 아니라 여러 나라에서 쉽게 발견됩니다. 한국에서도 박근혜의 대통령 시절 '뇌물 수수죄'가 대법원에서 확정되었는데도 그것을 부인하며 그가 청렴하다고 하는 사람들이 적지 않습니다. 유튜브를 보는 개개인은 물론 민주주의에 큰 위협이 될 수 있겠지요.

유튜브의 잠재력과 새로운 미디어

유튜브는 단순히 동영상 플랫폼으로서 기능하는 것이 아니라 카카오톡, 인스타그램, 페이스북을 통해 공유되기에 영향력이 큽니다. 알고리즘을 통해 개인에게 최적화된 추천을 일상화하고 있기에 더 그렇습니다.

알고리즘이 편향성을 강화하는 경향이 있지만, 유튜브를 이용하는 사람들 모두가 언제나 수동적이지는 않다는 사실도 중요합니다.

무엇보다 유튜브를 어떻게 사용하느냐에 따라 알고리즘은 도움이 될 수도 있습니다. 가령 여러분들이 우주의 신비를 알고 싶다면 과학책을 읽으면서 우주에 대한 시청각 자료들을 찾아볼 수 있습니다. 그때 알고리즘은 도움이 되지요. 자기 주도 학습을 몸에 익히는 데 도움을 줍니다. 시청각 자료들과 독서를 적절히 섞어서 공부하면 생각하는 힘을 키울 수 있겠지요.

물론 앞서 살펴보았듯이 유튜브에서 자극적이고 선정적인 동영상을 볼 때 추천 알고리즘을 따라가다 보면 세상에 대해 편협하고 비뚤어진 생각에 잠기거나 공연히 시간만 낭비할 가능성이 높겠지요. 자칫 인터넷 중독이라는 질병에 걸릴 수도 있습니다. 유튜브를 슬기롭게 사용해야 할 이유입니다.

유튜브를 비롯한 소셜미디어들은 인류에게 새로운 시대를 열어 주었습니다. 누구나 창조적으로 자기를 표현하며 다른 사람들과 소통할 수 있으니까요. 과거에는 기성 미디어들이 외면함으로써 묻히고 말았던 다양한 사람들의 다채로운 생각이 소통되는 것은 바람직한 현상입니다.

소셜미디어들이 사람들의 소통 방식을 바꾸면서 인류가 새로운 시대에 들어섰음을 드러내는 사례는 갈수록 늘어나고 있습니다. 사소할 수도 있겠지만 한 가족의 사연을 살펴볼까요.

인도에서 한 남자가 자신의 페이스북에 딸과 함께 찍은 사진을 급히 올렸습니다. 딸이 심장병을 앓고 있었는데 갑자기 긴급 수혈

이 필요한 상황이었거든요. 하지만 안타깝게도 병원에서는 딸의 몸에 맞는 기증자를 찾을 수 없었습니다. 아빠는 절망에 잠겼다가 문득 페이스북이 떠올랐습니다. 서둘러 페이스북에 사연을 올리자마자 기증자가 생겨나 24시간 만에 70명에 이르렀습니다. 더 놀라운 사실은 그들 모두 그 부녀의 집 주변에 살고 있었다는 점입니다. 다만 평소에 서로 모르고 지내던 사람들이었지요. 그 사연은 개인적 미담을 넘어 소셜미디어가 지닌 잠재력이 얼마나 큰가를 단적으로 입증해 줍니다.

소셜미디어를 통해 평범한 사람들, 곧 민중들이 더 나은 사회를 만들어 가는 운동에 참여할 기회도 커졌습니다. 새로운 미디어를 활용해 지구촌 곳곳에서 평등한 세상을 만들어 온 사례를 모아 『침묵하지 않는 사람들』을 펴낸 미국의 인권운동가 매슈 대니얼스는 우리가 "인간으로서 잠재력을 발휘할 수 있고, 세상의 변화를 일으키는 삶을 실현하는 데는 대단한 용기도, 특정한 권력도 필요하지 않고 인터넷만 있으면 된다"고 역설했습니다. 지구촌 곳곳에서 인간의 권리, 곧 인권을 향상하는 데 유튜브를 비롯한 소셜미디어를 활용하라는 제안입니다. "소셜미디어와 어플리케이션 등으로 전 세계 사람이 실시간으로 정보를 공유하고 연결되는 지금이야말로, 타인의 고통에 공감하고 혐오와 차별을 무너뜨릴 좋은 시기"라는 것이지요.

인터넷이 청소년들에게 중독이라는 질병을 퍼트리기도 하지만

21세기 들어 미디어 혁명과 함께 열린 새로운 시대는 앞으로 새로운 문명을 꽃피울 것이라고 전망할 수 있습니다.

우리가 살고 있는 세상에서 지금 무엇이 일어나고 있고, 그것의 의미는 무엇인지를 설명해 주는 저널리즘은 미디어가 맡고 있는 중요한 일입니다. 좋은 미디어는 우리에게 새로운 진실을 알려 주고 불의를 비판하며 세상을 더 나은 곳으로 만들어 가지요.

더욱이 누구나 언론인이 될 수 있는 시대입니다. 소셜미디어는 계속 변화해 갈 것입니다. 부작용과 우려, 비판을 모두 꼼꼼하게 살피며 그것을 극복할 방안을 지구촌 어디선가 모색하고 있을 게 분명합니다.

미디어 생태계에 블로그, 트위터, 페이스북, 유튜브, 인스타그램을 넘어선 새로운 미디어가 앞으로 나타날 것도 명확하지요. 4차 산업 혁명이 전개되면서 빅데이터와 인공지능^AI^이 미디어 영역에도 영향을 끼칠 것이 분명합니다. 우리가 지금 미처 생각하지 못한 미디어들이 등장하겠지요. 지금 10대를 살아가는 청소년에게 미디어는 무한한 가능성의 영역입니다.

'가짜 뉴스'와 '오보'는 어떻게 다른가요?

유튜브를 비롯한 새로운 미디어들과 함께 '가짜 뉴스fake news'라는 말이 널리 퍼졌는데요, 사실 '가짜 뉴스'라는 말은 잘못 만든 말입니다. 뉴스가 가짜이면 이미 뉴스가 아니니까요. 하지만 이미 가짜 뉴스라는 말이 지구촌에 보편적으로 쓰이고 있는 현실에서 그 뜻을 정확히 이해할 필요가 있습니다. 가짜 뉴스와 오보를 혼동하는 사람들도 있어서 더 그렇습니다.

가짜 뉴스라는 말 이전에 주로 '오보'라는 말이 많이 쓰였는데요. 언론사가 어떤 사실을 보도했는데 사실 관계가 크게 잘못된 보도를 말합니다.

그렇다면 가짜 뉴스는 무엇일까요? 처음 그 말이 나올 때 마치 뉴스인 것처럼 인터넷에 떠돌아다니는 것들을 가짜 뉴스로 불렀습니다. 언론사가 아닌 누군가의 장난이나 일부러 뉴스처럼 만들어 퍼트리는 현상을 가리킨 말입니다. 간단히 말해 오보가 실수로 작성된 기사라면, 가짜 뉴스는 애초부터 의도적으로 기사처럼 작성한 거짓말입니다.

언론을 연구하는 학자들은 가짜 뉴스를 "허위의 사실임을 인식하거나 사실 검증 과정을 생략한 채 허위 사실을 뉴스 형식으로 의도적으로 퍼뜨리는 정보"라고 정의합니다.

이와 관련해서 '탈진실post-truth'이라는 말도 알아 둘 필요가 있겠지요. 옥스퍼드 사전이 2016년에 '올해의 단어'로 선정하면서 세계적 용어가 되었는데요. 탈진실은 "사람들이 의견을 형성하는 과정에서 개인적 신념과 감정에 호소하는 것이 객관적 사실보다 더 큰 영향력을 끼치는 상황"을 뜻합니다. 진실보다 감정에 호소하는 것이 사람들에게 더 호소력 있게 다가가는 세태를 반영한 말이지요.

가짜 뉴스와 탈진실이 유행하고 거기에 솔깃해하는 사람들이 늘어난다면 민주주의는 위기를 맞을 수밖에 없습니다. 많은 나라들이 '미디어 리터러시' 교육에 눈을 돌리는 이유입니다.

미디어 리터러시를 어떻게 높일 수 있을까요?

미디어 리터러시는 미디어를 이해하고 활용하는 능력입니다. 그 능력을 높이는 세 가지 방법이 있는데요,

첫째, 성격이 다른 신문을 함께 비교하며 보아야 합니다. 이를테면 〈조선일보〉, 〈동아일보〉, 〈중앙일보〉 가운데 하나를 본다면 〈경향신문〉, 〈한겨레〉 가운데 하나를 보는 게 좋습니다. 그래야 비교를 통해 시시비비를 가리는 눈이 뜨입니다. 둘 다 구독하기 어려우면 한쪽은 인터넷을 통해 비교해 볼 수 있지요. 신문사를 소유하고 있는 자본의 성격에 따라 편집이 어떻게 달라지는지도 분석하는 단계에 이르면 더 좋겠지요(더 진전된 학습은 『신문 읽기의 혁명』 1권과 2권을 참고하기 바랍니다).

둘째, 유튜브를 비롯한 소셜미디어, 사회적 관계망 서비스를 적극 활용해야 합니다. 모든 사람이 언론 활동을 할 수 있는 시대이므로 적극적으로 자신이 알고 있는 정보와 진실을 이웃과 소통해 가야 합니다. 진실을 왜곡한 매스미디어에 대해서도 친구들에게 적극 알려야 합니다. 그것은 그 미디어를 위해서도 좋은 일입니다. 진실을 왜곡하는 미디어는 상한 식품처럼 가치가 없으니까요.

마지막으로 기존의 고정관념을 벗어나 새로운 지평을 열어 주는 책을 많이 읽어야 합니다. 매스미디어든, 사회적 미디어든 미디어가 전하는 것에는 한계가 있습니다. 우리가 지금 이 책을 통해 새로운 진실을 알게 되었듯이, 우리 앞에 놓여 있는 세상의 진실을 꾸준히 학습하려는 열정이 필요합니다. 그 열정은 일차적으로 자신의 삶이 누군가에게 속지 않기 위해서 필요합니다. 아울러 우리가 더불어 사는 세상의 미래를 위해서도 참 중요하지요. 지구촌의 미래는 청소년들에게 달려 있으니까요.

미디어랑 어떻게 사귈까?

지금까지 '내 친구' 스마트폰으로 시작해 신문과 텔레비전에 이어 광고와 영화를 살펴보고 다시 인터넷으로 돌아가 그것을 기반으로 한 소셜미디어와 유튜브에 이르는 긴 여행을 마쳤습니다.

미디어 리터러시 여행의 들머리에서 제기한 '내 친구는 멍청할까, 똑똑할까?'라는 물음을 인터넷만이 아니라 모든 미디어에 던져야 한다는 사실도 알아보았습니다.

우리가 짚었듯이 미디어 자체가 멍청하거나 똑똑한 것은 아니지요. 이 책은 미디어가 생물이라는 명제에서 출발했습니다. 그 뜻은 미디어가 사람과의 유기적 연관 속에 생태계로 존재하며 생로병사를 겪는다는 의미였지요.

미디어는 사람 없이 탄생할 수 없고 사람들의 사랑을 받을 때 커나가며, 그렇지 못할 때 시들고 병듭니다. 때로는 사람들의 사랑을 받지만 권력의 손에 죽임을 당하기도 하지요. 한국은 물론, 지구촌에서 수많은 신문사들이 창간되고 커 나가고 폐간되어 왔습니다. 숱한 방송사들이 문을 열고 또 닫았지요. 얼마나 많은 영화와 광고가 태어나고 사라졌던가요. 인터넷을 이용한 수많은 소셜미디어의 실험들 또한 사람들과의 유기적 관련 속에서 운명이 결정됩니다.

사람들과의 관계 속에 미디어는 비로소 살아 있는 존재, 생명입니다. 신문, 텔레비전, 광고, 영화, 인터넷, 사회적 미디어들을 멍청한 친구로 만드는가, 똑똑한 친구로 만드는가는 전적으로 그들과 함께 생활하는 우리에게 달려 있습니다. 마찬가지로 그 친구들이 우리를 멍청하게 만드는가, 똑똑하게 만드는가 또한 우리가 미디어를 어떻게 대하느냐에 따라 달라집니다.

모든 게 나에게 달려 있다는 말은 결코 낙관하라는 말이 아닙니다. 정반대이지요. 미디어가 우리를, 아니 나를 멍청하게 만들 가능성이 충분히 있으니까요. 방심해서는 안 될 이유입니다.

"한 도시의 폭격과 수백에 이르는 사람들이 죽었다는 발표가 있고 곧이어 부끄러움도 없이 비누와 술의 광고가 뒤따라 그것을 중단시킨다. 또한 신문은 낡아 빠진 생각이나 또는 처음 등장하는 여배우의 아침 식사 버릇을 마치 과학적 또는 예술적인 중대 사건을 보도할 때와 같은 지면과 친절성을 갖고 우리에게 보도하고 있다."

사회학자 에리히 프롬이 2차 세계 대전이 한창일 때 미국에서 출간한 『자유로부터의 도피』에서 인용한 글입니다. 당시 미국 본

토는 전장에서 벗어나 있었지요. 그런데 21세기인 지금 읽어 보아도 프롬의 지적은 날카롭지요. 미국이 석유 자원을 확보하기 위해 이라크에서 벌인 전쟁은 미디어를 통해 '중계'되기도 했습니다. 그래서일까요. 우리는 프롬이 경고했을 때보다 더 자연스럽게 전쟁의 참화나 아프리카의 기아 어린이들의 참상을 받아들이고 있습니다. 더구나 인터넷이나 스마트폰에 중독된 사람들의 모습을 프롬은 결코 상상도 못 했을 것입니다.

실제로 2022년 6월 미국에서는 페이스북과 인스타그램을 운영하는 메타 플랫폼스를 상대로 청소년과 그 부모들의 소송이 잇따르고 있습니다. 10대들과 그들의 부모들은 "SNS가 알고리즘을 이용해 청소년의 발목을 붙잡고 집착하도록 해 삶을 망가뜨렸다"며 손해 배상 소송을 제기했지요. SNS에 지나치게 몰두하면서 잠을 잘 못 자는 데다가 음식 섭취에도 장애가 있고 심지어 극단적 선택을 한다는 겁니다.

문제를 인식한 10대들과 함께 부모들은 페이스북과 인스타그램으로 인한 정신적 고통, 삶의 즐거움 상실, 의료비 지출과 같은 여러 피해에 대한 보상을 요구했습니다. 앞으로도 비슷한 움직임은 세계 곳곳에서 이어질 것입니다. 결과와 무관하게 그런 흐름에는 미디어를 바로 보아야 한다는 절박함과 절실함이 담겨 있습니다.

물론, 매스미디어(대중매체) 시대가 저물고 소셜미디어(민중매체) 시대가 열리면서 긍정적 현상들도 두드러지게 나타나고 있습니다.

보수적 성향이라고 불리는 미국의 시사 주간지 〈타임〉조차 2011년 올해의 인물로 '항의하는 사람들'을 선정하며 "부패와 무능으로 얼룩진 기존 체제에 저항하며 세계의 정치 질서를 다시 짜고 민중의 힘people power을 세계 곳곳에 알렸다"고 천명할 정도이니까요.

보수적 미국 주간지도 확언하고 있듯이 지구촌 어디든 사람들은 분개하며 더 나은 사회, 새로운 사회를 요구하고 있습니다. 그들에게 최루탄은 물론 실제 총알과 미사일이 날아가도 〈타임〉이 썼듯이 "그들은 절망하지 않고 개인의 행동이 집단적이고 거대한 변화를 가져올 수 있다는 생각을 그대로 구현"해 나가고 있습니다.

미디어의 문제는 사회만이 아니라 내 안에도 깊숙이 들어와 있지요. 이 책에서 자세히 분석했듯이 중독과도 이어지니까요. 인터넷이나 텔레비전 중독이 삶의 파멸로 귀결된 사례들을 소개한 대목이 떠오르리라 믿습니다.

지금 10대로 살아가는 독자들에게는 선뜻 살갗에 다가오지 않는 사실일 수 있겠지만 사람은 누구나 한 번뿐인 삶을 살아갑니다. 물론, 저도 10대였던 시절이 있었지요. 그때 언젠가 내가 죽는다는 사실로 몹시 공포감에 사로잡혔던 기억이 새롭습니다.

미디어를 주제로 한 책의 끝자락에서 죽음을 꺼내 드는 것은 공연히 두려움을 조장하기 위해서는 아닙니다. 우리에게 오직 한 번인 삶이 얼마나 소중한가를 독자들과 더불어 새삼 확인하고 싶어서입니다. 미디어 리터러시 여행이 나를 찾는 여행과 이어져 있다고 한 이유입니다.

앞으로 의학과 과학이 발달해서 지금의 10대들은 평균 100살을 넘게 살 수도 있겠지요. 하지만 언젠가 삶을 마쳐야 한다는 진실은 전혀 변함이 없습니다. 그래서인데요. 일회적인 삶을 미디어의 그림자에 가려 멍청하게 살 것인가, 아니면 미디어의 장단점을 살펴 활용하며 슬기롭게 살 것인가, 선택해야 합니다.

우리 속담에 "친구 따라 강남 간다"는 말이 있습니다. 미디어라는 친구를 줏대 없이 추종하는 사람이라면 꼭 곱씹어야 할 가르침이지요. 어떤 미디어랑 어떻게 사귈까, 그 선택은 누가 해 주는 게 아닙니다. 지금부터 스스로 해 나가야 옳지요. 오래전부터 현인들이 충고했듯이 친구의 실책엔 눈을 감되, 친구의 악행엔 눈감지 말아야 합니다.